Georg Büchner

Die Historia septem Sapientum nach der Innsbrucker Handschrift v. J. 1342

nebst einer Untersuchung über die Quelle der Seuin Seages des Johne Rolland von Dalketh

Georg Büchner

Die Historia septem Sapientum nach der Innsbrucker Handschrift v. J. 1342
nebst einer Untersuchung über die Quelle der Seuin Seages des Johne Rolland von Dalketh

ISBN/EAN: 9783742843159

Hergestellt in Europa, USA, Kanada, Australien, Japan

Cover: Foto ©Thomas Meinert / pixelio.de

Manufactured and distributed by brebook publishing software (www.brebook.com)

Georg Büchner

Die Historia septem Sapientum nach der Innsbrucker Handschrift v. J. 1342

ERLANGER BEITRÄGE zur ENGLISCHEN PHILOLOGIE.
HERAUSGEGEBEN VON
HERMANN VARNHAGEN.
V. HEFT.

DIE
HISTORIA SEPTEM SAPIENTUM

NACH DER

INNSBRUCKER HANDSCHRIFT v. J. 1342.

NEBST

EINER UNTERSUCHUNG ÜBER DIE QUELLE DER

SEUIN SEAGES

DES

JOHNE ROLLAND VON DALKEITH.

VON

GEORG BUCHNER.

Zur gefl. Besprechung.

M 2.—.

ERLANGEN & LEIPZIG.
A. DEICHERT'SCHE VERLAGSBUCHH. NACHF. (GEORG BÖHME).
1889.

Die in zwanglosen Heften erscheinenden

Erlanger Beiträge zur englischen Philologie

sind zur Aufnahme der an der Erlanger Universität unternommenen Arbeiten aus dem Gesamtgebiete der englischen Philologie bestimmt.

---

1. Heft: Über das mittelenglische Gedicht Þe Desputisoun bitwen þe Body and þe Soule. Von W. Linow. Nebst dem altfranz. Gedichte *Un samedi par nuit*, herausgeg. von H. Varnhagen. (Unter der Presse.)

2. Heft: *How the wyse Man taught hys Sone.* In drei Texten herausgeg. von R. Fischer. **Mk. 1.20.**

3. Heft: *Trentalle Sancti Gregorii*, eine mittelenglische Legende. In zwei Texten herausgeg. von A. Kaufmann. **Mk. 1.20.**

4. Heft: Über das Fehlen des Auftakts in Chaucers heroischem Verse. Von M. Freudenberger. **Mk. 1.60.**

5. Heft: Die *Historia septem Sapientum* nach der Innsbrucker Handschrift v. J. 1342. Nebst einer Untersuchung über die Quelle der *Seuin Seages* des Johne Rolland von Dalkeith. Von G. Buchner. **Mk. 2.—.**

6. Heft: Die Reden der Seele an den Leichnam in der Handschrift der Kathedrale zu Worcester, neu herausgeg. nebst einer Untersuchung über Sprache und Metrik von R. Buchholz. (Unter der Presse.)

Soeben erschien:

Schmidt, Rudolf, Der verwandelte König. Schauspiel in 3 Aufzügen. Aus dem Dänischen übersetzt von **Hermann Varnhagen.** Mit einem Vorworte des Dichters. Mk. 2.25.

ERLANGER BEITRÄGE

ZUR

ENGLISCHEN PHILOLOGIE.

HERAUSGEGEBEN

VON

HERMANN VARNHAGEN.

V.

DIE HISTORIA SEPTEM SAPIENTUM
NACH DER INNSBRUCKER HANDSCHRIFT v. J. 1342.

ERLANGEN & LEIPZIG.
A. DEICHERT'SCHE VERLAGSBUCHH. NACHF. (GEORG BÖHME).
1889.

DIE

HISTORIA SEPTEM SAPIENTUM

NACH DER

INNSBRUCKER HANDSCHRIFT v. J. 1342.

NEBST

EINER UNTERSUCHUNG ÜBER DIE QUELLE DER

SEUIN SEAGES

DES

JOHNE ROLLAND VON DALKEITH.

VON

GEORG BUCHNER.

Sandabad.

———⚜———

ERLANGEN & LEIPZIG.
A. DEICHERT'SCHE VERLAGSBUCHH. NACHF. (GEORG BÖHME).
1889.

Einleitung.

Handschriften und Drucke.

G. Paris, Deux Rédactions du Roman des Sept Sages de Rome (Paris 1876), Préface XXXIX kennt sechs Handschriften. Varnhagen, Eine italienische Prosaversion der sieben Weisen, nach einer Londoner Hs. herausgegeben (Berlin 1881), Einleitung XV zählt ihrer fünfzehn auf, von denen jedoch eine, die dreizehnte in der Reihe (Wien, Hofbibliothek 12449), zu streichen ist, so dass nur vierzehn übrig bleiben. Ich selbst kann diesen noch zwei weitere hinzufügen, wodurch die Zahl auf sechzehn steigt. Es sind die folgenden, von denen ich die Nr. 3, 7, 8, 9, 10, 11 und 14 selbst eingesehen habe.

1. Berlin, kgl. Bibliothek, Ms. lat. 67, Fol., Bl. 1—44 (Bl. 24—25 ist beim Binden hinter Bl. 41 geraten). 15. Jahrh. Zu Anfang fehlt ein Blatt. Die Handschrift beginnt mit den Worten: *Hiis dictis ait imperator*.

2. Colmar, Cod. Issenhem. 10, Fol., Bl. 1—24. 14. Jahrh. Vgl. Oesterley, Gesta Rom. 175.

3. Insbruck, Cod. lat. 310, Quart. V. J. 1342. Vgl. unten.

4. Mayhingen, Wallersteinsche Bibliothek, b, 6, Fol. V. J. 1427. Vgl. Oesterley 120.

5. Ebd., II., lat. 8, Quart. 15. Jahrh. Vgl. Oesterley 121.

6. Ebd., II, lat. 23, Quart, Bl. 121—184. Vgl. Oesterley 121.

7. München, Hof- und Staatsbibliothek, Cod. lat. 3040, Fol., Bl. 89 r.—133 v.; dann die *reductiones* Bl. 134 r.—142 r. 15. Jahrh. Die Inhaltsangabe des uns interessierenden Teiles der Handschrift in dem Kataloge der Münchener Handschriften (*Historia septem sapientum, alias Gesta Romanorum*) ist insofern unrichtig, als

von den Gesta Romanorum nichts in der Handschrift enthalten ist. Anfang: *Poncianus in urbe romana regnauit, diues valde. Qui vxorem filiam regis Romanorum duxit, pulchram valde et hominibus graciosam, quam multum dilexit. Que concepit et filium pulcherrimum peperit, cui nomen Dyoclecianus impositum erat.* Schluss (abgesehen von den *reductiones*): *Post hoc cito moritur imperator in quiete. Et Dyoclecianus, filius eius, loco eius regnauit et magistros suos omni tempore secum retinuit et sic imperium regebat, ita quod omnes miro modo sapientiam ac diuicias acquisierunt et eum dilexerunt in tantum, quod sepius morti se pro eo exposuerunt. Et sic in pace omnes vitam suam finierunt. Explicit* etc.

8. Ebd., Cod. lat. 3861, Fol., Bl. 2 r. — 62 v. V. J. 1448. Jeder Erzählung folgt eine *reductio*. Anfang: *Poncianus in ciuitate romana regnauit, prudens valde. Qui in vxorem filiam regis Romanorum accepit, pulchram valde et oculis hominum graciosam, quam multum dilexit. Imperatrix concepit et filium pulcherrimum peperit, cui nomen Dyoclecianus erat impositum.* Schluss, abgesehen von der letzten *reductio: Post hoc cito moritur imperator quiete. Dyocletianus, filius eius, loco suo regnauit et magistros suos omni tempore secum retinuit et sic imperium regebat, quod omnes miro modo per eum sapienciam ac diuicias acquisierunt et eum dilexerunt in tantum, quod sepius se morti pro se exposuerunt. Et sic in pace vitam suam finiuit.*

9. Ebd., Cod. lat. 4691, Fol., Bl. 153 v. — 200 r. V. J. 1457. Jeder Erzählung folgt eine *reductio*. Anfang: *Poncianus in ciuitate romana regnauit, prudens valde. Qui vxorem filiam regis Romanorum accepit, pulchram valde ac oculis hominum graciosam, quam multum dilexit. Imperatrix concepit et filium pulcherrimum peperit, cui nomen Dyoclecianus erat impositum.* Schluss, abgesehen von der letzten *reductio: Post hoc cito moritur imperator quiete. Dyoclecianus, filius eius, loco suo regnauit et magistros suos omni tempore secum retinuit et sic imperium regebat, quod omnes miro modo sapiencias, diuicias acquisierunt et eum dilexerunt in tantum, quod sepius se morti pro se exposuerunt. Et sic in pace vitam finiuit.*

10. Ebd., Cod. lat. 18786, Quart, Bl. 141 r. — 212 v. V. J. 1419. Jeder Erzählung folgt eine *reductio*. Anfang: *Poncianus in ciuitate romana regnauit, prudens valde. Qui vxorem filiam regis Romanorum accepit, pulchram valde ac oculis hominum*

graciosam, quam multum dilexit. Imperatrix concepit et filium pulcherrimum peperit, cui nomen Dyoclecianus erat impositum. Schluss, abgesehen von der letzten *reductio: Post hoc cito moritur imperator quiete. Dyoclecianus, filius eius, loco suo regnauit et magistros suos omni tempore secum retinuit, et sic imperium regebat, quod omnes miro modo per eum sapiencias, diuicias acquisierunt et eum dilexerunt in tantum, quod sepius se morti pro se exposuerunt. Et sic in pace vitam finiuit.*

11. Ebd., Cod. lat. 21049, Fol., Bl. 48 r. — 101 r. V. J. 1446. Jeder Erzählung folgt eine *reductio*. Anfang: *Poncianus regnauit in ciuitate romona* (sic!) *prudens valde. Qui vxorem filiam regis Romanorum [accepit], pulchram valde et oculis omnium graciosam, quam multum dilexit. Imperatrix concepit et filium pulcherrimum [peperit], cui nomen Dyoclecianus erat impositum.* Schluss, abgesehen von der letzten *reductio: Post hoc cito moritur imperator quiete. Dyoclecianus, filius suus, loco sui regnauit et magistros suos omni tempore secum habuit et imperium sic regebat, quod omnes per eum miro modo sapiencias ac diuicias acquisierunt et eum dilexerunt in tantum, quod sepius se morti pro eo exposuerunt. Et sic in pace vitam suam finiuit.*

12. Paris, Bibl. nat., Cod. lat. 8506. Vergl. G. Paris, Sept Sages, Préf. XXXIX.

13. Prag, Fürstenbergsche Bibliothek, I, a, 37, Fol., Bl. 92—105. V. J. 1418. Vergl. Oesterley 181.

14. Wien, Hofbibliothek 10454, Quart, Bl. 96r. — 111v. 15. Jahrh. Ist ein Fragment, welches ungefähr in der Mitte der ersten Hälfte der Rahmenerzählung mit den Worten anfängt: *Nos te precedamus, ut interim de vestra salute providere valeamus, quomodo quilibet nostrum sua die vos valeat liberare*, und nach der sechsten Erzählung der Kaiserin mit den Worten endigt: *Tunc imperatrix regi: Domine, intellexistis ea que dixi? At ille: Optime. Que ait: Primo enim audistis. ...*

15. Ansbach, Schlossbibliothek. V. J. 1487. Vgl. Oesterley 182.

16. Rom, Vatikanische Bibliothek, Christ. v. Schweden, 171. Vgl. Oesterley 185.

Von Drucken kenne ich — hauptsächlich nach Brunet, Manuel V 294, Grässe, Trésor VI 363, Goedeke, Grundrisz[2] I 349 und Mussafia, Jahrb. f. rom. u. engl. Lit. IV 174 — die folgenden, die ich nach ihrem — bei einzelnen nur annäherungsweise zu bestimmenden — Alter aufzähle:

1. *Incipit historia septem sapientū Rome.* Ohne Ort und Jahr, Quart, 70 Blätter, jedes von 26 Zeilen, nebst einem Register der Erzählungen am Schlusse auf Bl. 71 r. Der Druck wird dem Johann Veldener in Köln zugeschrieben und um 1475 gesetzt. Ein Exemplar dieser Ausgabe ist auf der Münchener (Inc. s. a. 1035), ein zweites auf der Berliner (X f 10582)[1], ein drittes auf der Göttinger Bibliothek (Fabb. rom. 71).

2. *Historia septem sapientū Rome.* Ohne Ort und Jahr, Quart, 72 Blätter, einschliesslich des ersten, welches einen Herkules und ein Wappen in Holzschnitt zeigt. Goedekes Angabe, es befinde sich ein Exemplar dieses Druckes auf der Göttinger Bibliothek unter der Bezeichnung Fabb. rom. 76, ist unrichtig.

3. *Historia septem sapientum Romae.* Ohne Ort und Jahr, Quart. Grässe giebt als Druckort Antwerpen und als Jahr ungefähr 1480 an.

4. *Incipit historia septem sapientum Rome.* Am Ende: *Albie impressa ad morum mulierumque virorumque emendationem.* Ohne Jahr (der Druck wird um 1480 gesetzt), Fol., 46 Blätter. Ein Exemplar auf der Kopenhagener Bibliothek erwähnt Panzer, Annales IV 217.

5. *Historia septē sapientū Rome.* Am Ende: *Anno salutis M.CCCCXC per me Joh'em Koelhof de Lubeck Colonie ciuē impressus,* und auf der Rückseite ein Wappen mit *i* in der linken und *k* in der rechten Ecke oben. Quart, 50 Blätter zu 35—36 Zeilen mit 23 Holzschnitten, von welchen mehrere sich wiederholen. Ein Exemplar ist auf der Berliner Bibliothek (X̄ f 10585). Ein anderes bot im Anfange dieses Jahres Harrassowitz in Leipzig an; vgl. dessen Katalog 153 Nr. 3185.

6. *Historia septem sapientum Rome. Delphis,* gedruckt von Christ. Snellaert 1495. Quart mit Holzschnitten.

7. *Pontianus Dicta aut facta septem Sapientum, miro quodam*

---

[1] Auf der Rückseite des ersten Blattes des Berliner Exemplars befindet sich von moderner Hand die mit einem Fragezeichen versehene Notiz *Albie impressa,* d. h. der Verfasser derselben hat die Ausgabe mit der unter Nr. 4 erwähnten identifizieren wollen. Indessen ist dies ein Irrtum.

artificio in se complectens: cum parabolis ac similitudinibus, haud spernendis, que lectorem mediocriter eruditum oblectabüt. Am Ende: *Finis Argentine. Anno. XII. T. O. V. J.* 1512. Quart, das Blatt zu 37 Zeilen mit 28 Holzschnitten, von welchen sich mehrere wiederholen. Ein Exemplar befindet sich auf der Wiener, ein anderes auf der Berliner Bibliothek (Bibl. Dieziana Q<u>ro</u> 2687 b) und umfasst 44 Blätter, doch fehlen einige Blätter der Erzählung *Vaticinium,* von den Worten: *Ei cibaria ex parte imperatoris presentauit* bis: *ut credo, eo quod in periculo mortis sis positus.*

8. *Pontianus Dicta aut facta septem Sapientum, miro quodam artificio in se complectens: cum parabolis ac similitudinibus, haud spernendis, que lectorem mediocriter eruditum oblectabum* (sic!). Am Ende: *Finis Vieñensis. Anno dñi 1526.* Ein Exemplar befindet sich auf der Wiener Bibliothek.

9. *Historia septem sapientium.* Mit Holzschnitten. Ohne Ort und Jahr. Ein Exemplar dieses Druckes befand sich in der Bibliothek von White Knight; vgl. den Auktionskatalog derselben (London 1819) Nr. 3736.

Von diesen Drucken habe ich Nr. 1, 5 und 7 einsehen können. Hinsichtlich ihres gegenseitigen Verhältnisses lässt sich sagen, dass 1 und 5 sich textlich zwar nahestehen, ohne dass jedoch 5 ein Abdruck von 1 wäre. Von beiden verschieden steht 7 da.

Die Zeit für eine kritische Ausgabe der *Historia* auf Grund sämtlicher Hss. und Drucke ist noch nicht gekommen, da aller Wahrscheinlichkeit nach ausser den aufgezählten sechzehn Hss. noch gar manche andere vorhanden sind; ja, wenn man erwägt, dass von den bekannten Hss. vierzehn auf Deutschland und Österreich und nur je eine auf Frankreich und Italien fällt, während England gar nicht vertreten ist, obgleich anzunehmen, dass das Werk in den letztgenannten drei Ländern, von andern ganz abgesehen, ebenfalls verbreitet gewesen ist, so liegt die Vermutung nahe, dass jene sechzehn Hss. nur einen kleinen Bruchteil der überhaupt vorhandenen bilden.

Unter diesen Umständen wird man bei der hervorragenden

Stellung, welche die *Historia* in den mittelalterlichen Litteraturen einnimmt, und bei der grossen Seltenheit der alten Drucke es, glaube ich, mit Freuden begrüssen, wenn zunächst einmal ein einzelner guter Text veröffentlicht wird. Als solchen habe ich den der bei weitem ältesten Insbrucker Hs. v. J. 1342 gewählt.

Diese Hs., Pergament, Quart, 188 Blätter, enthält Bl. 1 r.—138 r. die Gesta Romanorum und Bl. 138 r. —183 v. die Historia mit dem Schlusse: *Finitus est iste liber anno dñi* 1000. 300. 42. 3 *Noñ Sept.* Sodann folgt Bl. 184 r.—187 r. ein Register über beide Werke und endlich Bl. 187 r.—188 v. noch die Erzählung Abibas aus den Gesta Rom. Jede einzelne Erzählung der Historia ist mit einer *reductio* versehen, die ich aber in meinen Abdruck nicht aufgenommen habe.

Sonst bin ich von der Hs. nur da abgewichen, wo offenbare Fehler vorlagen. Zu Besserungen habe ich die unserm Texte sehr nahe stehenden Hss. 8, 9, 10 und 11 benutzt. Waren ganze Wörter in den Text aufzunehmen, so sind dieselben in eckige Klammern gesetzt worden.

Die in den Überschriften der einzelnen Erzählungen ebenfalls in eckigen Klammern stehenden Bezeichnungen, wie *Aper*, *Canis* etc. sind von mir hinzugefügt.

Incipit hystoria .VII. sapientum (*Bl.* 138 r.).

Poncianus in civitate Roma regnauit, prudens valde. Qui vxorem filiam regis Romanorum accepit, pulchram valde ac occulis hominum graciosam, quam multum dilexit. Imperatrix concepit et filium pulcherrimum peperit, cui nomen Dyoclecyanus erat impositum. Creuit puer et ab omnibus dilectus. Cum vero .VII. annorum esset, mater vsque ad mortem infirmabatur, vidensque quod euadere non posset, nuncium imperatori destinauit, ut cito ad eam accederet. Imperator vero statim ad eam venit. Que ait ei: „Domine mi, de hac infirmitate euadere non potero. Vnam paruam peticionem, antequam moriar, humiliter peto." Qui ait: „Pete a me quid volueris! Et si est possibile, tibi dabo." At illa: „Post meum decessum aliam vxorem accipies. Rogo ut illa potestatem super filium meum non habeat; sed nutriatur longe ab ea, ut possit sapienciam ac doctrinam acquirere." Ait imperator: „Domina[1], tuam peticionem concedo." Hiis dictis vertit se ad parietem et emisit spiritum. Imperator multis diebus mortem eius planxit et eam honorifice sepulture tradidit. Post eius decessum imperator tristis valde erat nec a multo tempore vxori copulari uolebat. Cum vero semel in strato suo iacuisset, cogitauit de filio suo intime dicensque in corde suo: „Tantum vnicum filium habeo, qui heres meus erit. Bonum est ut, cum iuuenis fuerit, doctrinam atque sapienciam addiscat, per quam post meum discessum imperium regere possit." Mane vero, cum surrexit, uocauit satrapas imperii et super hoc consilium habebat. At illi: „Domine, in Roma sunt .VII. sapientes, qui omnes magistros

---

[1] *Hs.* domine.

mundi in sapiencia ac doctrina excellunt[1]. Vnus eorum vocetur, (*Bl.* 38 *v.*) et illi puer tradatur ad nutriendum ac doctrinandum!" Imperator vero statim litteras anulo suo signatas misit ad .VII. sapientes, ut sine ulteriori dilacione ad cum venirent. Illi vero statim venerunt. Cum autem venissent, ait eis imperator: „Scitis, karissimi, quare pro nobis misissem?" At illi: „Domine, penitus ignoramus." Qui ait: „Tantum vnicum filium habeo, sicut vobis bene constat, quem ad nutriendum, doctrinandum vobis tradam, ut per vestram doctrinam ac sapienciam possit imperium post meum decessum regere." Ait primus magister, cui nomen Bantillus: „Domine, trade michi filium tuum ad nutriendum et doctrinandum! Et eum faciam scire quantum ego scio et omnes socii mei sciunt infra .VII. annos." Ait secundus magister, cui nomen Lentulus: „Domine, a multo tempore tibi seruiui et adhuc mercedem nondum accepi. Pro mercede nichil aliud peto nisi ut michi filium ad nutriendum tradas. Et ego faciam eum scire quantum[2] ego scio et omnes socii mei sciunt infra .VI. annos." Ait tercius magister, cui nomen Katho: „Domine, sepius in periculo vite mee tecum mare transiui. Nunquam mercedem a te optinere potui. Nichil aliud pro mercede quero nisi ut tradas michi filium ad nutriendum, doctrinandum. Et ego faciam eum scire quantum ego scio et omnes socii mei infra .V. [annos], si ad hoc ingenium habet." Surrexit quartus magister, cui nomen Malquidrac, macilentus valde, et ait: „Domine mi, ad memoriam reduc, quomodo ego et omnes mei predecessores imperatoribus ministrauerunt et mercedem nullam recepimus. Quare nichil aliud peto pro mercede nisi ut michi filium tuum tradas ad nutriendum doctrinandum. Et ego faciam eum scire quantum ego scio et omnes socii mei infra .IV. annos." Surrexit quintus magister, cui nomen Josephus, et ait: „Domine mi, senex sum et semper primus ad consilia vestra vocari solebam. Que autem consilia vobis dederim, constat prudencie vestre, et quam vtilitatem ex hoc habuistis omnes satrape nouerunt. Nunquam adhuc mercedem michi reddidistis[3]. Nichil aliud quero pro mercede nisi ut michi filium vestrum tradatis ad nutriendum, doctrinandum. Et ego faciam eum scire quantum ego scio et omnes socii mei sciunt infra .III. annos." Surrexit sextus magister, cui nomen Cleophas, et ait: „Domine

---

[1] *Hs.* excellut.   [2] *Hs.* quam.   [3] *Hs.* redidistis.

mi, iam senex sum et in vestro seruicio toto tempore vite mee laboraui et mercedem non optinui. Pro mercede nichil aliud peto nisi ut michi puerum tradatis. Et ego faciam eum scire quantum ego scio et omnes socii mei infra .II. annos." Surrexit septimus magister, cui nomen Joachim, et ait: „Domine mi, audite me! Bene omnibus constat, in quot periculis (*Bl.* 139 *r.*) vobiscum fui et mercedem condignam nunquam optinui. Pro mercede nichil aliud peto nisi ut michi puerum ad nutriendum, doctrinandum tradatis. Et ego faciam eum scire quantum ego scio et omnes socii mei infra vnum annum." Hiis dictis ait imperator: „Karissimi, multum vobis regracior eo quod quilibet ex uobis cupit filium meum ad nutriendum accipere. Si vni concederem et non alteri, ceteri non essent contenti. Ideo inter uos omnes filium meum ad nutriendum et doctrinandum trado." Illi hoc audientes capita sua inclinabant ac gracias ei reddiderunt; puerum acceperunt et versus Romam secum duxerunt. Cum vero per uiam equitassent, ait magister Katho sociis suis: „Karissimi, audite consilium meum! Si puerum in civitate romana nutrire debemus ac docere, tantus populus ibidem confluit, quod puerum a doctrina impedient. Extra Romam ad duas leucas est quoddam viridarium sancti Martini. Ibi construemus cameram lapideam, in qua puer possit nutriri ac scienciam addiscere!" At illi: „Bonum est consilium." Statim cementarios conduxerunt, cameram lapideam fecerunt et in medio lectum pueri posuerunt. Per omnes muros camere .VII. artes scripserunt, quod puer omni tempore tamquam in libro clare doctrinam suam videre posset. Magistri vero cottidie ac satis diligenter illum instruxerunt per ordinem bene per .VII. annos. Finitis .VII. annis inter se magistri dixerunt: „Bonum est vt discipulum nostrum temptemus, quomodo in doctrina nostra profecisset." Aiunt omnes: „Bonum est." Ait Bautillas: „Et quomodo poterimus eum probare?" Ait Catho: „Ipso dormiente ponemus sub quolibet cornu lecti vnum folium edere et ante lectum eius stabimus, quousque a sompno excitatus fuerit!" Aiunt illi: „Bonum est consilium." Statim ipso dormiente folia posuerunt. Cum vero a sompno excitatus erat, miro modo occulos in summitatem camere erexit. Magistri hoc videntes dixerunt: „Domine, qua de causa occulos sic superius erigis?" At ille: „Mirum non est. Aut summitas camere inclinata est, aut terra sub me eleuata est." Magistri hec audientes inter se dixerunt: "Si puer iste vixerit, aliquit magni erit." Interim venerunt sapientes ad imperatorem et dixerunt: "Domine, tantum vnicum filium habes. Possibile est ut moriatur; et ideo bonum est vxorem accipere, quia, si XXX filios haberes, potes omnes ad dinicias promouere." Ait imperator: "Ex quo sic est, querite michi virginem formosam, generosam, graciosam, et eam in vxorem accipiam." Perrexerunt illi per regna et castra. Tandem filiam regis Castelli inuenerunt, nimis pulchram, quam ad imperatorem duxerunt. Imperator, cum eam vidisset, captus est in occulis eius, in tantum quod omnis dolor (*Bl.* 139*v.*) prime vxoris recessit. Ambo ad inuicem diu vixerunt et imperatrix concipere non potuit, quare multum contristabatur. Cum vero audisset quod imperator tantum vnicum filium habebat in longinquis partibus cum .VII. sapientibus ad nutriendum, doctrinandum, infra se cogitabat: "Si ille extinctus esset et ego filium haberem, filius meus heres esset." Ab illo die cogitabat, quomodo filium interimere posset. Accidit vna nocte quod, cum imperator in stratu suo iacuisset, ait imperatrici: "Domina karissima, iam secretum cordis mei tibi aperiam. Scire debes quod non est creatura sub celo, quam magis diligam quam te." At illa: "Domine, si sic est, vnam paruam peticionem a te peto." Qui ait: "Proponas! Et si est michi possibile, libenter adimplebo." At illa: "Constat tibi quod adhuc non concepi, quare multum sum desolata. Tantum vnicum filium habes in longinquis partibus cum .VII. magistris, quem meum reputo filium. Rogo vt pro eo mittas, ut de eius presencia possim gaudere, quousque deus visitauerit me." At ille: "Jam sunt anni .XVI., ex quo eum non vidi. Fiet tua peticio." Statim litteras .VII. magistris fecerat, anulo suo signatas, quod sub pena mortis in festo Penthecostes filium suum ad eum ducerent: Nuncius vero litteras recepit et viam ambulauit, donec ad magistros venit, quem cum omni graciarum actione receperunt. Cum vero litteras legissent et voluntatem imperatoris vidissent, in crepusculo noctis stellas firmamenti perspexerunt, si expediret secundum tenorem litterarum puerum ducere. Clare in stellis viderunt quod, si puerum tempore assignato non ducerent, omnes capita ammitterent. Tunc ait magister Cleophas: "De duobus malis minus malum est eligendum. Melius est ut omnes moriamur quam quod puer vitam ammittat. Ideo consulo ut vitam pueri saluemus." Cum essent sic contristati, puer de camera descendit viditque magistros suos desolatos. Causam tante tristicie ab eis quesiuit. At illi: „Domine, nuncius ex parte patris tui ad nos venit cum litteris, ut in Penthecoste te ad patrem tuum ducere debeamus. Super hoc firmamentum respeximus, ubi clare videmus quod, si tempore assignato te patri tuo presentamus, in primo verbo, quod ab ore tuo fuerit prolatum, morte turpissima eris condempnatus; et si non te illo tempore presentamus, ad mortem nos condempnati erimus." At ille: „Firmamentum cum stellis videre volo." Et sic factum est. Cum vero perspexisset, clare vidit quod magistri verum dixerunt. Sed cum vlterius perspexisset, vidit in quadam parua stella quod, si per .VII. dies ab omni verbo abstineret quod non loqueretur, vitam suam haberet, tamen omni die ad suspendium duceretur et cum difficultate saluaretur. Magistros suos vocauit et ait: „Karissimi, ecce stel-(*Bl.* 140*r*.)la illa parua, in qua satis aperte habetur quod, si ab omni verbo abstinuero per .VII. dies, vitam meam habebo. Vos estis .VII. magistri; parum est cuilibet vestrum cum sapiencia sua vno die me saluare. Ego vero octauo die loquar et uos omnes vua mecum saluabimini." Magistri, cum stellam illam vidiesent, inter se perpendebant quod puer per omnia verum dixisset, et dixerunt: „Benedictus altissimus! Sapiencia discipuli nostri nos omnes excellit in sciencia." Ait magister Bancillas: „Domine, in periculo vite mee primo die saluabo te a morte." Ait Lentulus, secundus magister: „Et ego eciam die secundo." Ait Chatbo: „Et ego tercia die." Et sic omnes per ordinem dixerunt. Hiis dictis induerunt puerum purpura et bisso et dextrarios ascenderunt et cum magno comitatu cum puero versus patrem suum equitabant. Imperator, cum intellexit per nuncios quod puer esset in ueniendo, cum magno apparatu obuiam filio suo equitabat. Magistri, cum intellexissent quod rex esset venturus, dixerunt puero: „Domine, nos recedemus et interim de tua salute prouidebimus, quomodo quilibet nostrum suo die debeat te saluare." At ille: „Michi bene placet. Sed mementote mei tempore necessitatis!" Illi vero capita ei inclinabant et versus quandam civitatem equitabant. Puer vero satis honestam comitiuam cum eo habebat. Rex vero, cum filium suum appropinquasset, amplexatus est eum et osculatus dixitque ei: „Fili mi, quomodo est tibi? Jam a multo tempore non vidi te." Ille vero caput ei inclinauit et nichil respondit. Rex vero ammirabatur quod

non loqueretur dixitque in corde suo: "Numquid sui magistri eum
docuerunt quod non loqueretur equitando?" Cum vero ad palacium
venerunt, de equis descenderunt. Imperator filium per manum
accepit et aulam ascendit eumque iuxta se collocauit. Rex vero
eum respexit et ait: "Dic michi, fili, quomodo de magistris tuis
tibi placet! Iam sunt anni multi, ex quo te non vidi." Ille vero
caput inclinauit et nichil respondit. Ammirabatur rex et ait:
"Quid est hoc, fili, quod non loqueris?" Imperatrix, cum audisset
quod puer venisset et non loqueretur, gauisa est valde et ait:
"Vadam et eum videbo." Ornauit se meliori modo quo poterat
cum dominabus, ancillis et foras exiuit. Imperator vero eam
iuxta filium suum sedere fecit. Que ait: "Domine, estne iste
filius tuus, cum .VII. sapientibus nutritus?" At ille: "Eciam,
filius meus est; sed non loquitur." Que ait: "Trade eum michi!
Et si vmquam loquebatur, faciam eum loqui." Hiis dictis ait
rex: "Michi bene placet." Illa eum per manum accepit, ut
secum pergeret. Puer manum retraxit. Ait pater: "Surge cito
et cum ea ambula!" Puer vero caput patri inclinauit, ac si
diceret: "Presto sum per omnia voluntati tue obedire." Imperatrix vero eum secum ad cameram duxit, statim omnes de camera
exire iussit, puerum supra lectum iuxta (*Bl.* 140 *v.*) eam collocauit et ait ei: "Karissime, de tua pulchritudine multum audiui,
sed iam experta sum, quia occulis meis video, quem diligit
anima mea. O bone Dyocleciane, scire debes quod patrem
tuum pro te feci mittere, vt gauderem de societate tua. Vnde
tibi sine dubio denuncio quod propter amorem tuum me ipsam
virginem custodiui, ut tu virginitatem meam haberes. Loquere
ergo michi, ut insimul dormiamus!" Puer non respondit ei
verbum. Illa hoc videns ait: "O Dyocleciane, dimidium anime
mee, michi non loqueris? Nec solacium, nec signum amoris
michi ostendis? Quid faciam tibi? Et parata sum implere.
Nisi amorem tuum carnalem habuero, filia mortis sum ego."
Hiis dictis amplexata est puerum et eum osculare uolebat.
Puer vero faciem suam auertit et ei consentire nolebat. At
illa: "O fili, cur talia agis? Ecce nullus nos videt! Dormiamus insimul et bene percipies quod virginitatem meam
pro tuo amore custodiui." Ille vero caput ab ea auertit. Illa
vero pectus et ubera ostendit et ait: "Ecce fili, quale corpus
ad tuam voluptatem habeo; praebe michi tuum consensum!
Aliter male michi eueniet." Ille vero nec signo nec nutu

amorem ostendit; sed semper, in quantum potuit, ab ea recedere nolebat. Illa, cum hoc vidisset, ait: "O fili dulcissime, non vis michi consentire? Forte ex causa racionabili mecum loqui [non] placet. Ecce pergamenum et atramentum! Si loqui ore nolueris, saltem michi in pergameno voluntatem tuam scribas, si debeo in tuo amore confidere!" Puer vero scribebat ista, que hic secuntur: "Absit a me, domina, ut violem pomerium patris mei! Si illud violassem, qualem fructum ex hoc haberem penitus ignoro. Sed vnum scio quod grauiter in conspectu dei peccarem et patris malediccionem incurrerem. Ideo ammodo ad tale opus nepharium me non solicites!" Illa, cum legisset, scedulam cum dentibus fregit, cum vnguibus vestes vsque ad umblicum dilacerauit et faciem ad sanguinis effusionem et omnia ornata capitis deposuit et clamorem validum emisit: "Succurrite, succurrite michi propter deum, antequam dyabolus iste me opprimat!" Imperator, cum esset in aula et clamorem imperatricis audisset, agili cursu cameram intrauit; milites sequebantur. Ait ei imperator: "O bona domina, quid tibi est?" At illa: "O domine, miserere mei! Iste uon est filius tuus, sed est dyabolus. Sicut scitis, cum introduxi ad loqueudum. Cum vero ei predicaui ut loqueretur, ille me ad peccatum, in quantum potuit, solicitauit, et quia ei consentire nolui, ipse me vi opprimere uolebat. Sed restiti, in quantum potui, propter scaudalum euitandum, donec faciem meam ad sanguinis effusionem dilacerauit et vestes ac oruamenta capitis, sicut satis aperte videre potestis; et nisi cicius ad clamorem veniretis, suam uoluntatem (*Bl.* 141 r.) pessimam in me complenisset." Imperator, cum eam sanguinolentam vidisset ac vestes dilaceratas et eius queremoniam audisset, furia repletus precepit satellitibus ut eum ad patibulum ducerent, ut suspenderetur. Satrape hoc audientes dixerunt: "Domine, tantum vnicum filium habes; non est bonum tam leniter eum occidere. Lex est posita pro transgressoribus; et si mori debet, per legem moriatur, ne dicatur: Ecce imperator sine indicio in furia sua vnicum filium suum occidit!" Ille hoc audiens precepit ut incarceraretur tota nocte, quousque iudicium contra eum procederet die crastina. Et sic factum est. Imperatrix, cum audisset quod puer nondum ad mortem positus fuisset, fleuit amare et consolari nolebat. Cum nox adesset, imperator cameram intrauit et imperatricem fleutem inuenit. Et ait: "Dic michi, karissima, ob quam rem sic affligitur anima tua!" At illa¹: „Nonne tibi constat quomodo filius tuus maledictus me dilacerauit? Propter quod michi dixisti quod moreretur, et adhuc viuit." At ille: „Cras per iudicium morietur; et hoc est melius pro me et te." At illa: „O domine, debet tam diu vinere? Amen dico tibi, timeo quod contingat de te et de eo, sicut quondam contingebat de pina et pinella." At ille: „Rogo te, dic michi illud exemplum!" At illa: „Fiat uoluntas tua!"

Prima narratio imperatricis (*Bl.* 141 v.).

[Arbor.]

Erat quidam burgensis in civitate Roma, qui ortum pulcherrimum habebat. In quo orto erat pina i. e. arbor nobilis, que singulis annis fructum virtuosum producebat in tanta virtute, quod, quicumque infirmus excepto leproso de fructu commedit, sanitatem perfectam inuenit. Accidit vno die quod burgensis ortum intrauit. Arborem visitauit, sub arbore respexit, vidit quandam pinellam pulchram crescere, uocauit ortulanum et ait: „Karissime, curam de ista pinella specialem habeas, quia spero meliorem arborem habere quam ista est." Ait ortulanus: „Domine, fiat uoluntas tua!" Altera die intrauit et pinellam visitauit; uocauit ortulanum et ait: „Karissime, non videtur michi quod pinella crescat, sicut crescere deberet." Qui ait: „Domine, mirum non est. Arbor ista est tam longa et lata cum ramis, quod aer pinellam attingere non potest." At ille: „Ramos arboris succide, ut aer pinellam possit visitare." Et sic factum est. Stetit arbor totaliter nuda. Burgensis tercia vice intrauit cito post hoc, ut pinellam visitaret. Cum vero eam vidisset, ortulanum uocauit et ait ei: „Karissime, quomodo est hoc? Pinella ad libitum meum non crescit." Qui ait: „Domine, mirum non est. Altitudo arboris pluuiam et solem impedit, per que duo pinella crescere deberet." At ille: „Ex quo sic est, totam arborem succide, quia spero de pinella meliorem habere quam arbor ista est." Ortulanus vero totaliter eam succidit. Postea pinella euanuit et nullus profectus inde venit. Pauperes ac infirmi hec

---

¹ *Hs.* ille.

audien-(*Bl.* 142 *r*.)tes maledicciooem omnibus illis dederunt, qui auxilio vel consilio fecerunt vt arbor destrueretur, per quam infirmi salui facti sunt. Hiis dictis ait imperatrix: „Domine, iutellexisti que dixi?" At ille: „Peroptime." Que ait: „Iam exponam que dixi. Arbor ista tam nobilis est persona tua, per quam infirmi, pauperes et ceteri alii auxilium inueniunt. Pinella sub arbore est filius tuus maledictus, qui iam incipit per doctrinam suam crescere. Ille vero studet, in quantum potest, ramos potentie tue euellere, ut aerem i. e. famam ac laudem humanam habeat. Deinde personam tuam propriam destruet, ut post decessum tuum regnet. Sed si fiet sic, quid eueniet? Certe pauperes ac debiles dabunt maledicciones omnibus illis, qui potuerunt filium tuum destruere et non fecerunt. Consulo ergo, dum es in tua potestate ac sanitate, ut eum destruas, ut maledictionem pauperum non incurras." Ait imperator: „Bonum exemplum michi retulisti. Crastina die morte vilissima eum condempnabo." Cum dies affuit, sedit pro tribunali, precepit satellitibus ut filium suum ad suspendium ducerent cum tubis canentibus. Illi vero preceptum eius fecerunt. Cum vero puerum per civitatem ducerent, ecce clamor populi intollerabilis factus est dicens: „Heu, heu! ecce vnicus filius imperatoris ad mortem ducitur!" Dum vero eum ducerent, ecce primus magister, nomine Bancillas, sedens super dextrarium populo obuiabat. Puer vero, cum magistrum vidisset, caput ei inclinauit, ac si diceret: „Memento mei, cum veneris coram patre meo! Ecce, ducor ad patibulum!" Magister vero ait satellitibus: „Karissimi, nolite tantum cum puero festinare! Spero per dei graciam quod illum hodie a morte liberabo." Respondit omnis populus: „O bone magister, festina ad palacium et salua tuum discipulum!" Ille vero equum cum calcaribus percussit et venit ad palacium; de equo descendit, palacium iutrauit, flexis genibus imperatorem salutauit. At ille: „Nunquam tibi bene sit!" Qui respondit: „Domine, aliam salutacionem merui habere." Ait imperator: „Mentiris! Tradidi tibi et sociis tuis filium meum bene loquentem ad nutriendum et doctrinandum. Modo mutus efficitur et, quod peius est, vxorem meam opprimere volebat. Propter quod ipse hodie morietur et uos omnes morte turpissima condempnabo." Ait magister: „Domine, quantum ad primum quod vos dicitis, quod non loquitur, nouit deus quod in nostra societate satis aperte loquebatur! Quare modo non loquitur, nouit deus, qui non fallitur. Sed quando ulterius dicitur quod vxorem vestram opprimere uolebat, amen dico uobis quod per XVI annos in nostra societate stetit et nunquam talia de eo percepimus. Domine mi reuerende, vnum vobis pro certo denuncio quod, si filium (Bl. 142 v.) vestrum occidere vultis propter verbum vxoris vestre, peius vobis continget quam illi militi, qui leporarium suum optimum occidit propter verbum vxoris, qui saluauit vitam filii sui." Ait imperator: „Dic michi, magister, si placet, illud exemplum!" At ille: „Domine, non dicam; et hec est racio: antequam finierim, puer posset suspendi in patibulo, et tunc nichil valeret quitquit dixeram. Sed si vultis ut dicam exemplum notabile, reuocate puerum et interim ponatur in carcerem. Si vero vobis videtur, postquam perorauero, illum saluare vel perdere, fiat uoluntas vestra[1]!" Imperator hoc audiens statim puerum reuocari fecit et interim in carcerem poni, donec magister narracionem finiret. Magister vero incepit narrare in hac forma:

Prima narracio primi magistri (Bl. 143 r.).

[Canis.]

Miles quidam erat, strennuus valde, qui tantum vnicum filium habebat, sicut uos habetis; sed erat infans. Tantum istum infantem dilexit, quod .III. nutrices pro pueri custodia ordinauit: prima nutrix, ut eum aleret; secunda, ut eum a sordibus lauaret; tercia, ut cum ad dormiendum alliceret. Post puerum istum duo habebat, que miro modo dilexit, sc. leporarium optimum et vnum falconem. Leporarius iste, quociens ad aliquam bestiam cucurrit, predam tenuit, quousque dominus eius venit. Et si dominus eius at bellum debuit accedere et in bello expedire, .III. saltus vel .IV. ante dominum suum fecit, quando equum suum ascendere volebat. Si vero non expediret in bello, leporarius statim, cum dominus eius ascenderet, caudam equi tenuit ac eiulatus emisit. Per ista duo signa miles erat expertus, quando expediret vel quando in uanum eqnitaret. Falconem dilexit, eo quod, quociens ad predam volauit, non defecit.

---
[1] Hs. tua.

Miles iste miro modo hastiludia ac torneamenta dilexit, vnde semel vnum torneamentum sub castro suo proclamari fecerat. Ad quod torneamentum multi nobiles venerunt. Miles armauit se, foras exiuit, domina post illum et omnes de familia. Nutrices vero puerum solum in cunabulo dimiserunt, ita quod nullus in aula erat relictus nisi puer in cunabulo. Leporarius iuxta parietem erat iacens et falco in pertica. Erat quidam serpens a multo tempore omnibus ignorantibus in quodam foramine castri nutritus, qui, cum exitum euncium audisset de aula ad torneamentum, caput suum extendit extra foramen. Neminem videns nisi puerum in cunabulo iacentem exiuit versus cunabulum, ut puerum occideret. Falco hoc percipiens respexit ad leporarium vidensque illum dormire sonitum cum alis suis fecerat, ac si diceret: „Surge a sompno et adiuua puerum in cunabulo contra serpentem!" Leporarius vero, cum sonitum alarum audisset, a sompno suo est expergefactus. Vidit serpentem versus cunabulum pergere, contra eum accessit; ambo pungnauerunt, serpens ut puerum occideret, leporarius ut vitam pueri saluaret. Dum vero sic pungnassent, serpens leporarium 'momordit, quod sanguis ab eo exiit in (*Bl.* 143*v.*) magna copia, ita quod tota superficies terre in circuitu cunabuli plena sanguine erat leporarii. Leporarius, cum senssit se ipsum grauiter vulneratum esse, cum toto impetu in serpentem insiluit, in tantum quod inter eos versum est cunabulum. Tamen cunabulum .IV. longos pedes habebat, quod facies pueri terram non tetigit. In fine leporarius serpentem occidit. Hoc ipso viso iuxta murum iacebat et vulnera sua lambebat. Cito-post hoc ludus torneamenti erat finitus et nutrices primo intrabant. Cum vero cunabulum euersum viderunt et terram in circuitu sanguinolentam et leporarium cruentatum, credebant inter se et dixerunt quod leporarius puerum occidisset; nec fuerunt ita prudentes, ut cunabulum verterent et quid actum esset de puero viderent, sed dixerunt: „Fugiamus, ne dominus noster nobis culpam imponat et [nos] interficiat!" Cum vero essent in fuga, domina eis obniauit et ait: „Karissime, quo tenditis?" At ille: „O domina, heu nobis et nobis! Leporarius, quem tantum diligit dominus noster, filium vestrum occidit et ibi iuxta murum satiatus de sanguine pueri iacet. Et tota superficies terre in circuitu cunabuli de sanguine pueri est plena." Domina, cum hoc audisset, ad terram cecidit clamans ac einlans et dicens: „Heu michi, heu! quid faciam! Orbata sum vnico filio meo." Dominus uero de ludo venit et, cum sic clamaret, diligenter quesiuit causam clamoris. At illa: "O domine, heu nobis duobus! Leporarius tuus, quem tantum diligis, vnicum filium nostrum occidit et ibi iuxta murum satiatus de sanguine pueri iacet." Miles vero commotus est valde; aulam intrauit. Leporarius, cum dominum suum vidisset, surrexit, sicut potuit, et applausum domino suo fecit. Miles vero gladium extraxit et caput leporarii vno ictu amputauit. Hoc facto perrexit ad cunabulum, enertit [eam] et puerum sanum inuenit. Iuxta cunabulum corpus serpentis mortuum vidit, vnde per certa signa cognouit quod leporarius ob defensionem pueri serpentem occidit. Tunc cum clamore valido et fletu scissis crinibus clamauit: "Heu michi, heu! Propter verbum vxoris mee leporarium meum optimum occidi, qui vitam pueri mei saluauit et serpentem occidit." Heu michi, heu! A me ipso penitenciam accipiam." Fregit lanceam suam in .III. partes et nudis pedibus ad terram sanctam perrexit, vbi toto tempore vite sue vixit.

Tunc ait magister imperatori: "Domine, audistis que dixi?" At ille: "Eciam, peroptime." Qui ait: "Amen dico vobis, si uos filium vestrum propter verbum vxoris vestre occiditis, peius vobis eueniet quam illi de leporario suo." Ait imperator: "Optimum exemplum michi dixisti. Sine dubio non morietur filius meus hodie." At ille: (*Bl.* 144 *r.*) "Si sic feceritis, sapienter agitis. Sed vobis regracior quod filio vestro hodie propter exemplum meum pepercistis. Ad deum vos recommendo." Imperatrix, cum audisset quod puer nondum ad mortem positus fuisset, fleuit amare, sedebat in cineribus et caput suum leuare nolebat. Imperator, cum [hoc] audisset, cameram intrauit et ait: "O bona domina, ob quam causam tantum animam tuam affligis?" At illa: "Cur michi talia obicis? Nonne tibi bene constat, domine, qualem despectum a filio tuo maledicto sustinui? Et michi promisisti quod moreretur et adhuc viuit. Amen dico tibi quod continget de te et filio tuo, sicut quondam contigit de quodam pastore et apro." Ait imperator: "Rogo te ut michi illud exemplum ad profectum meum dicas." At illa: "Quid prodest dicere? Hesterna die dixi et nullum profectum inde habui; tamen ad presens dicam tibi exemplum notabile. Sed si bene aduerteris, maximum profectum inuenies." Incepit narrare sub forma que sequitur:

Secunda narracio imperatricis (*Bl.* 145 r.).

[Aper.]

Quidam imperator erat, qui quandam forestam habebat, in qua erat aper strennuus, crudelis, in tantum quod omnes intrantes occidit. Imperator, multum de hoc contristatus, fecit proclamari per totum imperium quod, si quis aprum occideret, filiam suam vnicam cum toto regno post eius decessum haberet. Facta proclamacione non est inventus vnus, qui de hac re vellet se intromittere. Erat tunc quidam pastor onium de vili sanguine productus, qui intra se cogitabat: „Si aprum possem[1] occidere, non tantum ego promotus essem, sed omnes de meo sanguine." Accepit baculum pastoralem et forestam intrauit. Aper, cum eum vidisset, toto conamine in eum irruit. Ille vero arborem ascendit. Aper vero incepit arborem corrodere, in tantum quod videbatur pastori quod arbor cito caderet. In arbore autem erat copia fructus. Pastor de fructu collegit et ad aprum proiecit; aper vero commedit. Pastor continue proiecit, ita quod aper est repletus et ad terram iacuit. Hoc percipiens pastor paulatim descendit et cum vna manu aprum scalpebat, cum alia se per arborem tenuit. Pastor aprum in tantum scalpebat, quod dormire incepit. Hoc videns pastor priuate cultellum extraxit et aprum occidit. Et filiam imperatoris desponsauit et post eius mortem rex est factus.

Tunc ait imperatrix: „Domine mi, intellexisti que dixi? Aper iste tam fortis personam tuam designat, cui nullus potest resistere fortis nec sapiens. Pastor iste cum baculo pastorali personam filii tui maledicti designat, qui cum baculo sciencie sue incipiet te deludere, in tantum quod, sicut pastor aprum scalpebat et fecit eum dormire et postea occidit, eodem modo magistri filii tui maledicti tantum per falsas narraciones te scalpabunt, quod filius tuus te occidet, ut regnare possit." Ait imperator: „Absit a me ut michi ministret sicut apro! Amen dico tibi, filius meus hodie suspensus erit in patibulo." Statim ut illa hec audisset, ait: „O domine, si sic feceris, sapienter agis." Imperator vero precepit ut satellites filium suum ad patibulum ducerent. Et sic factum est. Statim factus est clamor

---

[1] *Hs.* posset.

tocius populi: „Heu! ecce vnicus filius imperatoris ad mortem ducitur!" Cum autem sic puerum ducerent, ecce secundus magister, nomine Lentullus, super dextrarium sedens eis obuiabat et ait: „Karissimi, nolite tantum cum puero festinare! Per dei adiutorium hodie a morte saluabo discipulum meum." Ait populus: „O bone domine, salua tuum discipulum, sicut die hesterna saluatus est per tuum socium!" Puer vero, cum magistrum suum vidisset, ei caput suum (*Bl.* 145 *v.*) inclinauit, ac si diceret: „Memento mei, domine, cum veneris coram patre meo, imperatore!" Magister eqvvm cum calcaribus percussit, venit ad palacium, de equo descendit, aulam intrauit et flexis genibus imperatorem salutauit. At ille: „Nunquam bene tibi sit!" Qui ait: „Domine, credebam iam magis munera a te recipere, quam talem salutacionem per te inuenire." At ille: „Mentiris! Filium meum bene loquentem vobis tradidi ad nutriendum et doctrinandum. Qui iam mutus efficitur, propter quam causam odio vos habeo et, quod peius est, vxorem meam opprimere volebat. Quare morietur hodie et vos omnes morte turpissima condempnabo." Ait magister: „O domine, quando dicis quod mutus est et non loquitur, nouit deus quod fit nichil in terra sine causa. Sed vnum scio, quod non tacet toto tempore suo. Ad aliud, quando dicis quod vxorem tuam opprimere uolebat, amen dico tibi, vxor tua .IX. mensibus eum in vtero non portauit, et si fecisset, tale crimen ei non imposuisset. Sed re uera, domine, scire debes quod, si proprium filium propter verbum vxoris occideris, peius tibi continget quam illi militi, qui propter verbum vxoris sue in pillorio [1] iniuste erat positus." Ait imperator: „O bone magister, dic michi, quomodo factum est hoc!" At ille: „Domine, non dicam, quia tunc in uanum laborarem. Iam filium tuum ad patibulum ducunt, ut moriatur; et ideo, si tibi exemplum notabile narrarem et, antequam finirem, filius tuus ad mortem positus fuisset [2], in uanum laborassem. Sed si desideras unum notabile [exemplum] ad honorem tuum ac profectum audire, interim reuoca filium tuum, et si tunc placent tibi que dixero, siue bouum siue malum, de filio tuo fiat uoluntas tua!" Imperator vero concessit; puerum reuocari fecit et interim in carcere poni. Magister vero in hac forma incepit narrare:

---

[1] *Hs.* pillonio.   [2] *Hs. dahinter* et.

Secunda narracio secundi magistri (*Bl.* 146 r.).

[Puteus.]

Dvdum erat in quadam civitate quidam miles senex, qui quandam iuuenculam, sicut tu habes, accepit. Quam miro modo dilexit, in tantum quod qualibet nocte propriis manibus hostia domus sue clausit et claues sub capite posuit. In civitate illa erat lex posita quod, cum vna campana esset pulsata, si quis post illam pulsacionem ambularet de nocte, a peruigilibus esset captus et tota nocte incarceratus, die vero crastina in pillorio positus. Accidit quod miles iste, eo quod senex esset, vxorem suam non poterat consolari, quantum nolebat, ad actum carnis. Vnde ipsa alium adamauit et singulis noctibus viro dormiente claues domus accipere solebat et ostia aperire et ad amasium pergere et priuate ad virum suum redire. Domina vna nocte surrexit viro dormiente et ad amasium perrexit. Cito post hoc maritus a sompno excitatur, et cum vxorem non inuenit, surrexit et hostium domus apertum inuenit. Satis firmiter cum repagulo firmauit. Hoc facto solarium domus ascendit et in quadam fenestra, que vltra plateam communem erat, appodiauit, vt vxorem videret, quando ab amasio recederet. Post hoc erga tercium gallicantum venit mulier, et cum hostium firmiter clausum inuenit, pulsabat. Ait miles: „O meretrix pessima, iam sum expertus quod sepius lectum meum dimisisti et adulterium perpetrasti. Amen dico tibi, ibi manebis, quousque ad silencium pulsetur. Et tunc pervigiles venient et te incarcerabunt et die crastina in pillorio ponent." At illa: „O domine, cur talia dicis? Veritatem tibi dicam: dum essem iuxta te in lecto, uenit quedam ancilla ex parte matris mee, que michi nunciauit ut eam sine ulteriori dilacione visitarem, eo quod in extremis laborabat. Nolui te a sompno excitare et ideo satis occulte exiui, ac eam visitaui. Quam in graui infirmitate reliqui et ad te festinaui. Et ideo dei amore michi hostium aperi, antequam campana pulsetur!" At ille: „Certe non intrabis, quousque peruigiles post pulsacionem venerint et te in carcerem ponent." Que ait: „O domine, si sic michi fuerit ministratum, erit tibi et michi et omnibus parentibus meis magnum opprobrium. Et ideo dei amore permittas me intrare!" Ait miles: „Recole quociens lectum meum violasti et adulterium commisisti!

Melius est tibi hic pro peccatis tuis penam sustinere quam in purgatorio vel in inferno permanere." Que ait: „Domine, amore illius, qui (*Bl.* 146*v.*) pependit in cruce, miserere mei et permittas me intrare!" Ait miles: „In vanum laboras. Amen dico tibi, ibi permanebis, donec pulsetur!" Illa hoc audiens ait: „Domine mi, tibi constat quod hic prope hostium domus est fons profundus. Nisi me intrare permittas, cicius me ipsam uolo in fonte submergere quam die crastina coram toto populo in pillorio poni." At ille: „A multis diebus vtinam submersa fuisses, antequam in societate mea adulterium commisisses!" Dum sic loquerentur, lumen lune recessit i. e. euanuit. Illa vero ait: „Domine, ex quo sic est, me ipsam submergere uolo. Sed prius testamentum meum condo: in primis lego deo et beate Marie et omnibus sanctis animam meam; corpus meum ad sepeliendum in [1] Roma in ecclesia sancti Petri; ceteraque fiant secundum disposicionem tuam!" Hiis dictis ad fontem accessit. Iuxta fontem autem erat lapis grandis. Et ait: „Iam uolo me ipsam submergere." Accepit lapidem cum duabus manibus in fontemque proiecit. Audiens autem miles sonitum magnum ait: „Heu michi, heu! vxor mea est submersa." Statim descendit et ad fontem cucurrit. Domina interim stabat retro hostium; et cum vidisset apertum, intrauit et clausit, solarium ascendit et in fenestra se appodiauit. Interim miles vltra fontem stetit et fleuit amare atque dixit: „Heu michi! iam vxore mea sum priuatus. Pereat hora, in qua hostium contra eam clausi!" Domina hoc audiens subrisit et ait: „O maledicte senex, cur ista hora iam ibi stas? Nonne corpus meum tibi sufficiebat? Cur ad meretrices tuas sic omni nocte vadis et lectum meum dimittis?" Ille, cum audisset vocem vxoris sue in fenestra superius, gauisus est valde et ait: „Benedictus deus quod saluata es! Sed bona domina, dimidium anime mee, quare michi talia inponis? Ego volebam te castigare et ideo hostium clausi. Sed quando sonitum in fonte audiui, credebam quod tu esses in fonte et ideo ad fontem currebam, ut te iuuarem." At illa: „Mentiris! Nouit deus quod nunquam talia commisi, que michi inponis! Modo apparet quod dicitur in antiquo prouerbio: „Si quis fedatus fuerit, uellet quod omnes fedati essent." Iam inponis michi crimen, quod tu ipse vsitatus es. Amen dico tibi, ibidem exspectabis,

---

[1] *Hs.* de.

donec pulsetur campana et tunc venient pernigiles et beneficium legis in te inplebunt." At ille: „Cur michi talia inponis? Senex sum miles et in ista ciuitate per multos annos mansi; nunquam de talibus scandelizatus fui. Si in pillorio crastina die positus ero, erit tibi et michi opprobrium pro sempiterno. Ideo dei amore permittas me intrare, ut non confundar in eternum!" Que ait: „In uanum loqueris! Melius est tibi hic penam (*Bl.* 147*r.*) sustinere quam in purgatorio permanere. Recole quod sapiens dicebat: Pauperem superbum, diuitem mendacem, senem infatuatum etc. Mendax es et tamen diues; quid fuit necesse michi mendacium inponere? Infatuatus es, quia florem iuuentutis mee[1] pro libitu tuo habuisti et adhuc ad meretrices tuas perrexisti. Ideo magna dei gracia est quod hic deus permittit te penam sustinere, ut in eternum parcat, et ideo peccatis tuis penam hic sustineas pacienter!" At ille: „O domina, deus est misericors, et nichil a peccatore querit nisi satisfaccionem. Permittas me intrare, et me uolo emendare, ex quo talia michi inponis." Que ait: „Quis dyabolus te talem predicatorem constituit? Magna dei misericordia est, ex quo permittit quod hic puniaris. Amen dico tibi, non intrabis!" Dum sic loqueretur, campana pulsabatur. Miles hoc audiens ait: „O domina, iam campana pulsatur. Permittas me intrare, ne confundar in eternum!" At illa: „Ista pulsacio pretendit salutem anime tue, et ideo penam pacienter sustineas!" Hiis dictis pernigiles civitatem circuibant et militem stantem in platea contra legem innenerunt dixeruntque ei: „Karissime, signum bonum non est quod iam ista hora hic requiescis." Domina, cum vocem illorum audisset, ait: „O karissimi, michi succurrite! Vobis constat, cuius filia sim ego. Omni nocte lectum meum dimittit et ad meretrices pergit. Semper exspectabam eius correctionem, in tantum quod nolebam peccatum suum propalare. Et nichil michi valuit. Quare peto dei amore ut illum tanquam incorrigibilem accipiatis et beneficium legis in eo compleatis." Illi vero militem acceperunt et per noctem totam in uinculis posuerunt et in crastino super pyllorium posuerunt.

Tunc ait magister imperatori: „Domine, intellexisti que dixi?" At ille: „Eciam, peroptime." Qui ait: „Amen dico tibi, si filium tuum propter verbum vxoris tue occideris, tibi

---

[1] *Hs.* me.

peius continget quam illi militi." Ait imperator: "Mulier pessima erat illa, que sic maritum suum falso modo prodidit. Dico tibi, magister, quod tantum ad istam maledictam mulierem, que virum confudit, intencionem meam ac agnicionem dedi, quod filius meus hodie non morietur." Ait magister: "Ergo sapienter [agetis] quod postea multum tibi placebit. Vnde tibi grates reddo, quod propter meum exemplum puerum a morte liberasti. Ad deum te recommendo." Imperatrix, cum audisset quod puer ad mortem positus non esset, fleuit amare, cameram priuatam intrauit, in qua se ipsam dilacerauit ac voce magna clamauit: "Heu michi, quod vmquam nata fui, quod filia patris mei talem despectum sustinet et nullam emendam inuenire potest!" Domine ac ancille, cum fletum imperatricis audissent, imperatori denunciabant. Imperator, cum audisset, cameram, in qua erat, intrauit et ait: "O domina karissima, quare (*Bl.* 147 *v.*) tantum sic affligitur anima tua? Noli talia attemptare, si honorem meum diligis!" Que ait: "O domine, nisi esset dileccio, quam ad te habeo, parum aut nichil curarem, si non[1] tantus despectus michi esset factus; sed intima dileccio corporis mei facit dolere me. Verumtamen vnum pro certo scio: quodlibet tibi malum eueniat, tamen pater meus potens est me ad divicias promouere." At ille: "Absit quod michi malum eucniat! Non oportet talia in corde tuo hesitare, qnia, quamdiu vixero, tibi non deficiam." Que ait: "Domine, vtinam longo tempore posses viuere! Sed timeo quod tibi contingat, sicut quondam contigit[2] vno militi et filio suo, qui patris caput in cimiterio sepelire nolebat, cum tamen pater pro eo mortuus est." Ait imperator: "O domina, dic michi, quomodo hoc fuerit, ex quo pater pro eo mortuus est et caput suum in cimiterio sepelire nolebat!" At illa: "Libenter dicam ad profectum tuum:"

Tercia narracio imperatricis (*Bl.* 148 *r.*).

[Gaza.]

Dvdum erat in civitate Roma quidam miles generosus, qui tantum duas filias et vnum filium habebat. Miles iste miro modo

---

[1] *Das* non, *das in allen Hss. steht, sollte fehlen.* [2] *Hs.* contingit.

torneamenta ac hastiludia dilexit, in tantum quod, quitquit acquirere posset, in spectaculis mundanis expendit. Erat tunc temporis quidam (*Bl.* 148 *v.*) imperator, nomine Octaniauns, qui omnes in auro excellebat, in tantum quod turrem de auro optimo fecit impleri et custodem militem quendam super turrem constituit. Miles vero, qui torneamenta exercebat, ad tantam egestatem deuenerat, quod paratus erat, suam hereditatem vendere. Uocauit filium suum et ait: "Fili mi, pauper factus sum ego. Si hereditatem meam vendidero, tu ac sorores, filie mee, peribunt." Ait filius eius: "Pater, bonum est sanum consilium acquirere, quomodo poteris honeste viuere et non tuam hereditatem vendere." Ait pater: "Ecce, fili, bonum consilium! Imperator turrem plenam auro habet. De nocte ligones accipiemus et ad turrem ibimus, foramen faciemus et nobiscum de thezauro accipiemus, quantum nobis sufficit!" Ait filius: "Bonum est consilium. Melius est de thesauro eius accipere, eo quod in omnibus habundat, quam hereditatem nostram vendere, et ego cum sororibus meis semper in miseria permanere." Ambo de nocte surrexerunt et usque ad turrem ambulauerunt, foramen latum fecerunt. Ambo intrabant et tantum de thesauro acceperunt, quantum portare potuerunt. Miles debita sua acquietauit, torneamenta ac hastiludia sicut prius frequentabat. Interim custos turris intrauit. Cum thesaurum asportatum vidisset et foramen latum per murum inuenisset, commota sunt omnia viscera eius. Venit ad imperatorem denunciansque ei de casu turris et de thesauro ablato. Ait imperator: "Cur talia michi dicis? Nonne custodem thesauri mei te constitui? Michi de auro respondebis!" Ille vero statim turrem intrauit et coram foramine pice et bitumine caldarium impleuit in tanta subtilitate, quod, si quis per foramen intraret, statim in caldarium caderet, et nullo modo resurgere posset. Hoc facto turrem clausit et foras exiuit. Cito post hoc miles incepit egere, quia omnia expendidit. Uenit ad filium suum sicut prius et ait: "O fili dulcissime, tibi bene constat quod omnia iam expendidi et factus sum egenus." Ait filius: "Pergamus ad turrem sicut prius et thesaurum in copia accipiemus et debita nostra acquietabis, ita quod hereditatem nostram vendere nullo modo debes." Ait pater: "Bonum est consilium." De nocte surrexerunt et ad turrem perrexerunt. Pater prius intrauit et tam cito vsque ad collum in caldarium cecidit et alta uoce clamauit et ait: "Fili mi, noli me appropinquare, quia, si feceris, euadere non potes." Cui filius: "Absit ut te non iuuarem, quia, si ibi inuentus fueris, filii mortis omnes sumus! Et si ego per me te iuuare non potero, auxilium queram, per quod liberari poteris." Ait pater: "Noli talia dicere! Absit ut aliquis sciat, qualis sim ego! Ideo statim euagina gladium tuum et amputa michi caput meum, quia, si sine capite inuentus fuero, nullus noticiam de me habebit, qualis (*Bl.* 149*r.*) sim ego; et sic in et filie mee euadent confusionem mundanam." Cui filius: "Peroptime dicis, quia, si noticiam tui haberent, nullus ex nobis euadere posset. Ideo bonum est caput tuum amputare." Statim gladium euaginauit et caput patris sui amputauit. Hoc facto caput accepit et in quandam foueam proiecit. Deinde domum rediit, sororibus de casu patris nunciauit. Ille vero, cum audissent, per singulos dies fletus ac suspiria emiserunt. Post mortem militis cito custos turris intrauit et cum corpus hominis sine capite inuenit, ammirabatur denunciansque imperatori de casu, quomodo corpus sine capite inuenisset. Ait imperator: "Corpus illud ad caudas equi per pauimentum Rome extrahe vsque ad furcas; et in qua domo clamorem ac fletum audieris, huius domus est ille dominus, et omnes de domo accipe et in patibulum suspende!" Custos vero per omnia preceptum imperatoris impleuit. Cum vero [corpus] sic traheretur et ex opposito domo eius venisset, filie eius, cum hoc vidissent, clamorem validum emiserunt dicentes: "Heu nobis, heu!" Filius vero, cum clamorem sororum[1] audisset, se ipsum cum pugione in crure percussit, in tantum quod sanguis in magna copia emanauit. Satellites vero, cum clamorem audissent, relicto corpore domum intrabant et causam clamoris quesierunt. Ait filius: "Karissimi, sorores mee clamant hac de causa: a casu me ipsum vulnerani in crure grauiter, vnde sorores mee vident sanguinem in magna copia exire; ideo clamant. Venite et videte vulnus meum, quod vobis verum dico." Satellites, cum vulnus vidissent, verbis eius crediderunt et sic delusi exierunt. Corpus vero militis in patibulo suspenderunt, vbi pendebat longo tempore, nec corpus filius sepelire nolebat.

Ait imperatrix: "Domine, intellexisti que dixi?" At ille: "Eciam, peroptime." Que ait: "Domine, timeo quod fiat sic de te et de filio tuo. Miles iste propter amorem filii, ne egenus

---

[1] *Hs.* sorarum.

factus esset, primo furtum commisit et turrem fregit; secundo se ipsum decapitari fecit, ne filius opprobrium haberet post omnia ista; filius caput patris in foueam proiecit, nec in cimiterio nec in ecclesia sepelire uoluit, et corpus patris in patibulo permisit adhuc. Si nolebat de die propter timorem hominum illud auferre, de nocte poterat hoc adimplere. Eodem modo et tu die ac nocte laboras, ut filium tuum ad honores et ad divicias promouere possis. Sed sine dubio ille laborabit pro tua confusione, ut loco tui possit regnare. Vnde consulo quod eum occidas, antequam malum per eum sustineas." Qui ait: „Amen dico tibi, bonum exemplum michi retulisti; filius ille erat pessimus, quando patris caput amputauit nec sepelire uolebat. Sine dubio filius meus non sic michi ministrabit." Precepit satellitibus ut eum ad patibulum ducerent. Sed clamor populi erat intollerabilis, vna uo-(*Bl.* 149 *v.*)ce clamantes: „Ecce vnicus filius imperatoris ad mortem ducitur!" Cum vero eum sic ducerent, ecce tercius magister, nomine Katho, eis obuiabat, sedens super dextrarium. Puer vero, cum magistrum suum vidisset, ei caput inclinauit, ac si diceret: „Memento mei, cum veneris coram patre meo!" Populus vero clamauit: „O bone magister, festina ad palacium et salua tuum discipulum!" Ille vero equum cum calcaribus percussit et venit ad palacium. Aulam intrauit et flexis genibus satis honorifice² regem salutauit. Qui ait: „Nunquam tibi bene sit!" Ait magister: „O domine, credebam in adventu meo me munera recepisse et non indignacionem cordis audisse." At ille: „Sicut meruisti, sic optinebis." Qui ait: „O domine, quid merui?" At ille: „Certe mortem vilissimam. Filium meum vobis ad nutriendum et doctrinandum tradidi, et bene loquentem. Iam mutus efficitur et, quod peius est, vxorem meam opprimere volebat. Quare hodie morietur et vos omnes perhybitis." Ait magister: „Quando dicitis quod vxorem vestram opprimere volebat, istud libenter vellem scire, si aliqua creatura hoc viderit. Non est nequicia super nequiciam mulieris. Et hoc scirem uobis per exemplum ostendere, quomodo mulieres sunt plene mendaciis, cauillacionibus. Et cum hoc, si filium tuum propter verbum mulieris occidere velis, tibi posset contingere sicut quondam contigit vni nobili viro de vxore sua et pica, quam miro modo dilexit."

---

[1] *Hs.* sorarum.   [2] *Hs.* hororifice.

Ait imperator: „Rogo te, narra michi quomodo mulieres sunt plene nequiciis et cauillacionibus, et de pica illa!" Qui ait: „Non faciam, nisi filium tuum prius a morte reuoces; et tunc, cum narrauero, tuam voluntatem potes facere de puero." Imperator statim fecit puerum reuocari, et interim in carcerem poni. Magister incepit narrare in ista forma:

[Tertia narracio tercii magistri] (*Bl.* 150 r.).

[A v i s.]

Ciuis quidam erat in ciuitate [Roma], qui quandam picam habebat, quam multum dilexit, in tantum quod singulis diebus linguam ebraycam eam docebat; et tam perfecte in lingua illa erat edocta, quod satis aperte loquebatur. Pica ista, quidquid poterat audire, videre, totum domino suo narrauit. Ciuis vero quendam iuuenculam in vxorem habebat pulchram, sicut uos habetis, que non dilexit maritum suum, quia non poterat ei placere per omnia, eo quod potens non erat debitum carnale[1] reddere, quociens volebat. Mulier ista quendam alium sub marito suo dilexit et omni tempore, quo maritus ad negociandum extra ciuitatem pergeret, tam cito pro amasio suo mittebat[2], ut secum omni nocte dormiret. Pica, cum hoc vidisset, totum in aduentu domini sui narrauit, in tantum quod fama per totam ciuitatem laborabat de eius adulterio. Ciuis vero super hoc sepius eam arguebat. Illa vero respondit: „Tu credis pice tue maledicte; quamdiu pica tua viuit, semper discordia inter nos erit." Qui ait: „Domina, pica nescit mentiri; sed sicut videt et audit, hoc michi narrat. Et ideo magis ei credo quam tibi." Accidit semel quod ciuis ad partes longinquas perrexit pro mercacionibus perpetrandis. Illa statim nuncium ad amasium destinauit, vt sine (*Bl.* 150v.) vlteriori dilacione ad eam veniret. Ille vero usque ad noctem distulit, ne ab hominibus videretur. Cum nox adesset, ad cameram amasie venit, ad portam pulsabat. Adest illa parata et ait: „Audacter intra! Nemo te videt." Qui ait:

---

[1] *Hs.* carnalem.   [2] *Hs.* mitteret.   [3] *Hs.* cameram *durchgestrichen, dann aber wieder mit Punkten darunter versehen. Am Rande steht* curiam.

„Pica illa maledicta nos accusabit, quia per eam scandelizati sumus." At illa: „Intra secure! Ac nocte erimus de pica vindicati." Cumque intrasset et per aulam, vbi pica erat, transitum fecisset, pica eum loquentem audiuit hec verba: „O bona amasia, vltra quam credi potest picam timeo per omnia." Pica, cum vocem eius audisset, [ait]: „O miser, propter noctis obscuritatem te non potero videre, sed vocem tuam audio. Ininste agis cum domino meo, quod ipso absente[1] iam cum vxore sua vis dormire. Amen dico tibi, cum dominus meus venerit, omnia ei narrabo." Ille hoc audiens ait amasie sue: „Ecce karissima, dixi tibi quod pica nos confundet." Que ait: „Noli timere; nocte ista erimus vindicati de pica." Cameram intrauerunt et simul nocte illa dormierunt. Domina circa gallicantum surrexit et ancillam eius ad se uocauit et ait ei: „Eamus et scalam accipiamus et tectum domus ascendere debemus, quia de pica nocte ista me vindicabor." At illa: „Preceptum tuum adimplebo." Scalam acceperunt; in summitate domus foramen fecerunt supra casam, in qua pica erat; tectum ascenderunt habentesque secum paruos lapillos, arenam maris et aqua scutellam[2] plenam. Ista tria per totam noctem super picam proiecerunt, ita quod fere pica mortua erat. Hoc facto descenderunt. Mane vero amasius per posticum ambulauit. Hora prima ciuis domum venit et, sicut solitus erat, in principio introitus picam visitauit et ait ei: „O pica, pica, dic michi quomodo erat tibi in mea absencia!" At illa: „O domine, primo tibi dico rumores, quos audiui. Vxor tua in noctis obscuritate amasium suum intrare permisit, quam grauiter arguebam et dixi quod in aduentu tuo omnia accusarem; hoc non obstante cameram tuam intrauit et cum domina tua dormiuit. Queris ergo a me, quomodo in tua abscencia michi erat. Amen dico tibi, numquam tam male sicut ista nocte, quia fere sum mortua. Grando, nix et pluuia per totam noctem super me ceciderunt, in tantum quod fere sum extincta." Domina, cum hoc audisset, [ait]: „O domine, iam credis pice tue quod nocte ista erat grando ac pluuia. Per totum annum non erat nox tam amena sicut nocte ista." Maritus ait: „Hoc a uicinis meis queram, quia tibi non credo, sed magis pice." Perrexit ad vicinos et ait: „Karissimi, amore meo dicatis, si erat pluuia aut grando siue tempestas nocte ista?" At illi: „Sine dubio aliqui

---

[1] Hs. nach absente noch ein quod.   [2] Hs. scutella.

ex nobis vigilabant et non erat per totum annum tam amena nox sicut (*Bl.* 151*r.*) ista, sine omni pluuia ac grandine." Ciuis, cum hoc audisset, domum suam intrauit et ait: „Domina¹, sicut tu michi retulisti, ita dicunt vicini mei qued per totum annum non erat tam amena nox sicut nocte ista." Que ait: „O domine, iam satis aperte perpendere potestis quod mendax est et discordiam inter nos fecit. Et per eam per totam civitatem sum diffamata." Ciuis perrexit ad picam et ait ei: „Nonne propriis manibus singulis diebus pascebam te? Et tu mendacia inter me et vxorem posuisti, in tantum quod per mendacia tua vxor mea per totam civitatem est diffamata?" Ait pica: „Nouit deus quod nescio mentiri; sed sicut audiui et vidi, sic tibi retuli!" At ille: „Mentiris! Nonne michi dixisti quod nocte ista fuissent grando, nix et pluuia, in tantum quod fere vitam tuam amisisti? Cum tamen a viciuis meis, qui te diligunt, veritatem quesiui et totum oppositum michi dixerunt; immo, quod plus est, per totum annum non erat nox tam amena sicut nocte ista. Ammodo talia mendacia nec discordiam inter me et vxorem non facies." Picam accepit et caput eius de corpore extraxit. Domina, cum hoc vidisset, gauisa est valde et ait: „O domine, optimam rem fecisti; iam poterimus in pace viuere." Cum vero picam occidisset, respexit supra, vidit in summitate domus foramen et scalam, per quam ascendebant vxor et ancilla. Ammirabatur, quare scala ibidem posita fuisset et quomodo foramen factum fuisset. Statim per eandem scalam ascendit et supra tectum vas aque plenum et paruos lapillos ac harenam maris inuenit. Ciuis, cum hoc inuenisset, fraudem vxoris sue² cognouit, quomodo picam cum aqua, lapidibus et harena maris per totam noctem confuderunt, per que pica credidit quod pluuia et grando esset. De scala descendit et voce alta clamauit: „Heu michi, heu! propter verbum vxoris mee bonam picam meam occidi, que erat totum solacium meum et veritatem dixit in omnibus!" Statim pre dolore lanceam suam in .III. partes fregit; omnia, que habuit, vendidit et ad terram sanctam perrexit et nunquam ad vxorem est reuersus.

Tunc ait magister imperatori: „Domine, intellexisti que dixi?" At ille: „Eciam, peroptime." Qui ait: „Nonne illa fuit maledicta, que sic picam occidi fecerat per mendacia?"

---

¹ *Hs.* domine. ² *Hs.* sue *doppelt.*

At ille: "Eciam, tota plena maledictionibus; multum pice compacior, que pro ueritate sic vitam amisit. Amen dico tibi, optimum exemplum michi narrasti. Non morietur filius meus hodie." Ait magister: "Si sic feceris, sapienter agis. Sed reddo tibi grates, quod filio tuo hodie peperciati. Ad deum te recommendo." Imperatrix, cum audisset quod puer illo die saluatus esset, fleuit amare, in tantum quod in aula vox eius est audita dicens: "Heu michi, quod vmquam vxor imperatoris facta sum! (*Bl.* 151 r.) Vtinam mortua essem, cum ad partes istas venissem!" Imperator, cum clamorem eius audisset, cameram intrauit, diligenter ab ea quesivit, cur talia protulisset. Que ait: "Domine, nonne causam magnam habeo, ex quo vxor tua sum et in societate tua sic per filium tuum dilacerata, quam cruentatam vidisti? Et michi dixisti quod occidetur et adhuc viuit. Quare ergo non debeo dolere?" Ait imperator: "Libenter vellem tibi placere, et iusticiam in eum exercere; sed die hesterna ab vno de magistris eius audiui tale exemplum, quod differebam eius iudicium." At illa: "O domine, iam dicis quod propter vnum exemplum magistri sentenciam contra filium tuum distulisti! Amen dico tibi pro toto mundo, tibi continget de .VII. magistris tuis, sicut quondam contigit de vno imperatore et de suis .VII. magistris." At ille: "Rogo te, narra michi hoc!" Que ait: "Ad quid debeo in vanum laborare? Si scirem quod proficerent verba mea, tibi narrarem optima exempla; sed nichil michi proficit, quia, quitquit ego ad salutem tuam narro, magistri tui ad destructionem operantur. Et hoc per exemplum potero tibi demonstrare." At ille: "O bona domina, quod differtur, non auffertur. Licet sentenciam mortis eius distulissem, non propter hoc vitam ei dedi. Sed michi narra vnum notabile [exemplum], per quod potero melius precauere." [Cui imperatrix:] "Libenter narrabo; sed rogo deum meum ut verba mea locum in corde tuo habeant."

Quarta narracio imperatricis (*Bl.* 152 r.).

[Sapientes.]

Sapientes .VII. quondam fuerunt in civitate Roma, per quos totum imperium regebatur ac eciam imperator, sicut iam .VII. sapientes tui faciunt, ita quod imperator nichil sine eorum consilio facere uolebat. Isti .VII. magistri viderunt quod imperator in omnibus eis obtemperauit. Inter se composuerunt, ordinauerunt vt infra palacium clare videre posset; sed si extra pedes aut eques equitasset, cecus factus erat. Hoc fecerunt arte magica, ut liberius de omnibus ad imperatorem spectantibus possent se intromittere et lucrum acquirere. Magistri arte magica hoc fecerunt, et postquam semel temptauerunt, nullo modo poterant visum imperatoris extra palacium recuperare. Et sic remansit imperator multis annis extra palacium cecus. Isti .VII. magistri, postquam illud contra imperatorem operati sunt, ordinabant ac sub pena statuerunt ut, quicumque sompnium vidisset, ad eos veniret cum talento [1] auri et sompnium [2] eis diceret et interpretacionem ab eis optineret, sic quod per viam istam maiorem copiam auri habuerunt quam imperator. Cum semel imperator in mensa iuxta imperatricem collocatus fuisset, fleuit amare. Ait ei imperatrix: „O domine renerende, ob quam causam sic affligitur anima tua?" At ille: „O domina, nonne est michi magna causa? Quamdiu infra palacium fuero, satis aperte video; sed quam cito extra palacium ambulauero, nullam rem videre potero." At illa: „O domine, fac consilium meum, et, vt credo, post factum non penitebis. .VII. sapientes in tuo regno habes, qui per scienciam suam totum imperium regunt. Si bene negocium tuum scrutetur, inuenies quod sapientes tui sunt in culpa; et si sic, digni sunt morte turpissima. Audi ergo quod tibi dixero! Mitte pro eis; infirmitatem tuam ostendas, sub pena mortis vt remedium apponant, vt tam clare extra videas sicut intra; (*Bl.* 152 *v.*) et, ut credo, visum tuum optinebis." Ille vero ait: „Consilium tuum adimplebo." Statim pro .VII. sapientibus misit, ut coram eo comparerent. Illi vero statim venerunt. Ait eis imperator: „Karissimi, hec est causa, quare pro uobis misi: constat prudencie vestre quod infra palacium potero satis videre; sed extra palacium penitus factus sum cecus. Ite ergo et inter uos secundum omnem industriam vestram sub pena vite [3] et visum meum extra pallacium faciatis me habere et premia a me recipietis." At illi: „Domine, rem difficilem queris; sed dentur nobis .X. dies indulgencie i. e. tantum induciae [4], et .X. die respondebimus." At ille: „Michi bene placet."

---

[1] *Hs.* talenta.   [2] *Hs.* sopnium.   [3] *Hier fehlt in allen Hss. ein Verb.*   [4] *Hs.* induciαs.

Perrexerunt isti .VII. sapientes et inter se tractabant, studebant et nullo modo poterant ad hoc peruenire ut regem facerent extra palacium clare videre. Contristati sunt valde et inter se dixerunt: „Nisi remedium apponamus, filii mortis sumus omnes." Ambulabant per imperium, ut si a casu posset contingere quod per aliquem ad rei veritatem possent peruenire. Accidit ut, sicut per quandam ciuitatem transitum fecissent, pueros ludentes inuenissent. Homo quidam a tergo cum talento[1] auri ad .VII. sapientes venit et ait: „O boni magistri, sompnium hac nocte vidi. Interpretacionem michi indicate et aurum secundum modum consuetum dabo." Quidam puer inter ludentes pueros, cum hoc audisset, ait ei: „Noli aurum eis dare! Sed dic michi sompnium et interpretacionem eius indicabo." Ille vero ait: „Videbam quod in medio pomerii mei fons quidam surrexit, a quo tot riuuli procedebant, quod totum pomerium meum plenum erat." Ait puer: „Accipe ligonem et ad domum festina et in eodem loco suffode! Et tantum thesaurum inuenies, quod tu et omnes de parentela tua erunt divites." Ille vero statim domum intrauit, pomerium intrauit et tantum thesaurum inuenit, quod omnes sui facti sunt divites. Cum vero [hunc] inuenisset, ad puerum rediit letus ac gaudens, denuncionsque ei de thesauro inuento. Duo talenta auri pro interpretacione sompnii obtulit. At ille: „Absit a me! Vade ad domum, roga deum pro me!" Sapientes vero, cum puerum istum tam sapienter indicantem interpretacionem sompnii[2] audissent, dixerunt ei: „O bone puer, quid est nomen tuum?" At ille: „Merlinus vocor." Cui dixerunt: „Karissime, satis clare videmus quod sapiencia magna est in te. Vnum proponeremus tibi libenter, si scires nobis veritatem indicare." At ille: „Proponatur!" At illi: „Dominus noster imperator, quamdiu infra palacium manet, clarum visum habet et omnes videre potest. Sed quando extra palacium suum graditur siue pedes siue eques, statim cecus efficitur. Si tu scires causam huius cecitatis indicare et remedium apponere, mercedem condignam tibi daremus." At ille: „Utrumque peroptime scio, sc. causam dicere et remedium apponere." At illi: „O boue puer, placetne tibi ad imperatorem nobiscum ire?" At ille: „Michi bene placet." Puerum ad imperatorem duxerunt. Cum autem ad eum venerunt, dixerunt: „Ecce domine (*Bl.* 153*r*), vnum puerum nobiscum duximus, qui questioni

---

1) *Hs.* talenta. 2) *Hs.* sopnii.

vestre per omnia satisfaciet." Ait imperator: „Karissimi, capitis super vos, quitquit puer dicet?" At illi: „Eciam, domine. Experti sumus eius prudenciam." Conuersus ad puerum ait: „Fili, scis tu michi remedium apponere et causam cecitatis michi dicere?" At ille: „Eciam, domine." Qui ait: „Quomodo intendis mecum agere?" Qui ait: „Cameram, in qua iacetis, intremus, et vobis dicam quid sit faciendum." Ambo intrabant et cum puer lectum imperatoris vidisset, ait seruis regis: „Cito totum lectum ammouete et mirabilia videbitis." Cum vero lectus ammotus fuisset, sub lecto erat quidam fons habens .VII. bullas bullientes. Ait imperatori: „Ecce, domine, quamdiu fons iste cum .VII. bullis bullientibus fuerit sub lecto, visum vestrum extra palacium nunquam recuperare potestis." Imperator, cum fontem vidisset, ammirabatur et ait puero: „O bone puer, quomodo fons iste cum .VII. bullis bullientibus poterit ammoueri?" At ille: „Tantum per vnum modum. Et si non illum attemptaueritis, nunquam ad sanitatem perfectam peruenire potestis." Ait imperator: „Dic michi quomodo et quid debeo agere, et illud ante omnia adimplebo." Ait puer: „Hic sunt .VII. bulle bullientes, que nunquam poterunt extingui nisi vno modo. .VII. sapientes in imperio habetis, qui me ad vos duxerunt, qui falso modo et proditorie imperium et vos regebant. Et illi vos cecum extra palacium fecerunt, vt liberius de negociis imperii possent se intromittere. Vos cecum fecerunt et remedium apponere ignorant. Hic sunt .VII. bulle bullientes. Primo facite amputari caput primi magistri, et statim videbitis quod prima bulla erit extincta; deinde caput secundi magistri et sic per ordinem, quousque omnia capita eorum fiant abscisa." Quo facto omnes bulle sunt extincte et fons euanuit. Ait puer: „Domine, iam dextrarium vestrum ascendite et ego alium et extra palacium equitabimus." Et sic factum est. Cum vero extra palacium equitabant, in circuitu clarum visum habebat, vnde gauisus est valde. Merlinum ad divicias et honores promouit.

Tunc ait imperatrix imperatori: „Domine, intellexisti que dixi?" At ille: „Eciam, peroptime. Exemplum bonum michi retulisti." Que ait: „Eodem modo sapientes tui intendunt te facere cecum per eorum narraciones, ut filius tuus super te regnet. Fons ille est filius tuus, a quo oriuntur .VII. bulle i. e. .VII. artes, vnde nunquam illum poteris destruere, quousque prius .VII. sui magistri decapitentur. Hoc facto fons i. e. filius tuus cum omnibus cauillacionibus euanescet. Sed ne a magistris suis fulcimentum habeat, suspendatur ille prius in patibulum, et tunc per ordinem sapientes et si sic, peroptime imperium reges." Imperator statim precepit ut filius eius ad patibulum duceretur. Serui vero hoc fecerunt. Cum vero ad patibulum eum ducerent, populus clamabat: „O, ecce vnicus filius imperatoris ducitur ad mortem!" Cum (*Bl.* 153*v*) vero sic puerum ducerent, ecce quartus magister, nomine Malquidrac, macilentus valde, sedens super dextrarium obuiabat puero. Puer vero ei caput inclinabat, ac si diceret: „Memento mei, cum veneris coram patre meo! Ecce ducor ad patibulum!" Populus vero clamabat: „O bone magister, festina ad palacium et salua tuum discipulum, sicut socii tui fecerunt!" At ille: „Deo volente saluabo eum hodie. Nolite tantum cum eo festinare!" Percussit equum cum calcaribus, venit ad palacium, descendit de equo, satis humiliter imperatorem salutauit, qui ait: „Nunquam tibi bene sit, o maledicte senex, cur decepisti me? Filium meum bene loquentem vobis tradidi et iam mutus efficitur et, quod peius est, vxorem meam opprimere volebat. Quare ille morietur hodie et omnes vos .VII. perhybitis." Ait magister: „O domine, talia a uobis audire non merui. Constat [deo][1], qui non fallitur, quare filius vester non loquitur. Modo in brevi vobis placebit, sed tempus nondum aduenit, ut de hoc sitis expertus. Quando vlterius dicitis quod vxorem vestram opprimere volebat, verba sua non sunt autentica[2], quia eius nouerca, sed indigent meliore probacione. Sed si eum occidere vultis propter verbum vxoris vestre, vobis continget sicut quondam seni militi et vxori sue." Ait imperator: „Credis tu, senex, me cecum facere, sicut quondam .VII. sapientes imperatorem fecerunt?" [Ait senex:] „Domine, ad hoc respondeo: Delictum vnius vel trium aut eciam viginti non debet redundari in detrimentum aliorum; de omni statu sunt aliqui boni et mali. Sed vnum pro certo vobis dico quod malum vobis eueniet, si puer hodie propter verbum vxoris vestre moriatur. Et hoc potero vobis ostendere per exemplum notabile." Ait imperator: „O bone magister, libenter illud audirem." Qui ait: „Si puer reuocetur interim, iam dicam statim, et postquam finiero, tunc quod bonum est faciatis de puero." Ille concessit, puerum reuocare fecit. Reuocatus est et in carcerem positus. Magister autem in ista forma incepit narrare:

---

[1] *Hs.* michi deus. [2] *Hs.* attentica.

Quarta narracio quarti magistri (*Bl.* 154 r.).

[Tentamina.]

Miles quidam senex ac iustus a multo tempore sine vxore ac prole extitit. Tandem venerunt eius amici, sicut satrape imperii ad uos venerunt, consulendo ut vxorem acciperet. Miles sic consultus et ab amicis pulsatus concessit. Illi vero filiam prepositi Rome, pulcbram valde, ad eum duxerunt. Quam cum vidisset, statim in occulis suis captus est. Eam desponsauit ac miro modo dilexit. Accidit quod per .III. (*Bl.* 154 v.) annos ad inuicem steterunt et nullam prolem habere potuerunt. Cum vero quodam die domina mane surrexit, ad ecclesiam perrexit. Per uiam matri obuiabat et ait ei: „O mater, dominus sit tecum!" Que respondit: „Et tecum, bona filia! Dic michi, quomodo de marito tuo tibi placet!" At illa: „Pessime. Tantum michi placeret iuxta truncum iacere, quam iuxta maritum meum. Nullum solacium corporale ab eo potero habere et ideo alium volo diligere." Que ait: „O bona filia, per tantum tempus pater tuus et ego simul fuimus et nunquam de tali fatuitate me intromisi." At illa: „O mater, non est mirum, quia ambo eratis iuuenes et quilibet solacium ab alio optinebat. Non sic est de domino meo, qui est senex et frigidus ac per omnia impotens; et ideo tantum iuxta truncum iacerem, sicut iuxta illum. Et ideo amare alium volo." Ait mater: „O filia, si amare vis, dic michi, quem intendis diligere!" At illa: „Certe, presbyterum istius civitatis." Que ait: „O sancta Maria, cur presbyterum? Nonne melius esset et minus peccatum militem vel armigerum diligere quam presbyterum!" At illa: „Non. Et hec est racio. Si militem vel alium diligerem, cito de me saciatus esset et tunc me derideret ac in opprobrium haberet. Non sic de presbytero, quia secretum meum reuelare non audet, nisi se ipsum confunderet et, quitquit habet partem, de eo optinebo. Et ideo presbyterum amare uolo." Ait mater: Audi consilium meum et bene tibi erit! Senes sunt valde crudeles; tempta eum prius et si sine pena euadere possis, presbyterum diligas!" Que ait: „O bona mater, non potero tantum exspectare." At illa: „Sub benedictione mea michi acquiescas et prius eum tempta!" Que ait: „Propter tuam benediccionem volo penam sustinere interim. Sed dic michi, in quo eum temptabo!" Que ait: „Arborem quandam nouiter plantatam habet, quam miro modo diligit. Illam succide, cum ad uenandum pergat, et in ignem pone! Et si illud delictum tibi remittat, tunc securius presbyterum diligere poteris." At illa: „Istud adimplebo. Ad deum te recommendo." Domum perrexit et vbi esset maritus quesiuit. Que respondit: „Domine, ad ecclesiam perrexi, ubi diuina audiui et cum matre locuta fui." Ait miles: „Michi bene placet ut omni die de mane primo queras regnum dei." Post hoc cito miles ad uenandum, sicut solitus erat, perrexit. Domina vero dixit ortulano: „Karissime, ecce ventus; et dominus meus in aduentu suo frigidus erit. Ortum intremus et aliqua ligna[1] succide, per que dominus meus calefieri possit!" Qui ait: „Bonum est." Ortulanus securim accepit, ortum intrauit, domina sequebatur, hinc inde superflua lignorum collegit, donec ad arborem illam venit, quam miles tantum dilexit. Dixit domina ortulano: „Arborem istam nouiter plantatam succide!" At ille: „Absit a me hoc perpetrare! Nam dominus meus istam arborem plus diligit (Bl. 155r.) quam omnes in orto crescentes." Illa hoc audiens securim de manibus eius accepit et arborem totaliter succidit et inter cetera ligna[1] in ignem posuit. Hora vespertina miles de venacione venit totaliter frigidus. Domina vero ei obuiam perrexit et kathedram iuxta ignem posuit, in qua eum collocauit ad calefaciendum. Cum vero per horam sedisset et calefactus fuisset, odor lignorum[2] ad eum peruenit. Ortulanum vocauit et ait: „Karissime, per odorem sencio quod arbores nouiter plantate sunt in igne isto." At ille: „Eciam, domine, arbores succidi ex precepto domine mee." At miles: „Absit ut arbor mea nouiter plantata sit in igne!" Domina statim respondit: „Immo, domine, ego hoc feci, perpendens quod tempus fuisset frigidum, et ideo de tali igne ordinaui." Miles vero torvo vultu eam respexit et ait: „Ideo dei malediccionem habeas, ex quo sciuisti quod tantum arborem illam dilexi et destruxisti!" Illa hoc audiens fleuit amare et ait: „O domine, propter bonum hoc feci, et ideo intencionem meam debes acceptare. Si sciuissem quod tibi displicuisset, nunquam hoc attemptassem." Ait miles: „Cessa a fletu! Tibi ad presens remitto." Mane autem facto domina surrexit et ad ecclesiam perrexit. Per viam matri obuiabat et ait: „Bene sit tibi nunc et in eternum! Iam, bona mater, amare uolo, quia dominum meum temptaui, sicut michi dixisti; parum fleui et

---

[1] Hs. liugna. [2] Hs. lingnorum.

totum michi remisit. Et ideo per deum omnipotentem presbyterum de cetero amare uolo." Ait mater: „O filia, licet senes vna vice parcant, alia vice penam duplicant et ideo consulo ut eum adhuc temptes." Que ait: „Mater, quid dicis? Non potero vlterius exspectare. Tot torsiones, punctiones in vmblico sustineo propter amorem presbyteri, quod deberes michi compati." Ait mater: „O bona filia, prima vice propter meam benediccionem maritum tuum temptasti; iam propter benediccionem patris tui adhuc semel eum temptes et si tunc euadere potes, presbyterum diligas." Que ait: „Grauis pena michi est per tantum tempus exspectare. Verumtamen, ut benediccionem patris merear, adhuc eum temptare uolo semel. Sed dic michi, o bona mater, in quo debeo temptare eum!" At illa: „Tibi bene constat quod parvum caniculum habet, quem multum diligit, eo quod bene latrat et lectum eius custodit. Illum canem coram eo occidere debes, et si tunc euadere possis, presbyterum in nomine domini diligas." At illa: „Istud adimplebo; sed, ut credo, non est natus de muliere, qui tam care[1] benediccionem patris emerat et matris. Ad deum te recommendo." Domum perrexit et diem illum in solacium duxit. Cum nox adesset, lectus de purpura et bysso paratur. Miles vero interim iuxta ignem sedebat; paruus canis intrauit, ut solitus erat, et super lectum ascendit. Domina vero eum per duos pedes posteriores accepit et caput ad parietem percussit, quousque cerebrum eius erat circumquaque effusum. Miles hec videns ait: „O pessima inter omnes (Bl. 155v.), quas vnquam vidi! Cur caniculum meum ante occulos meos occidisti?" At illa: „O domine, nonne vides quod lectus noster preciosis pannis est coopertus? Caniculus vero de luto venit et nostros pannos preciosos confudit." Qui ait: „Magis dilexi caniculum quam lectum." Que ait: „O domine, quitquit ego ad commodum tuum studeo perpetrare, tu vertis in malum." Statim incepit flere, caput percutere et ait: „Heu michi, heu!" Miles vero videns fletum suum dixit: „A fletu cessa! Tibi ad presens remitto." Que ait: „Deus det michi cor tuum cognoscere, quod possim tibi placere de cetero!" Mane vero surrexit et ad ecclesiam perrexit, in qua matrem orantem inuenit, et ait: „O mater, dominus sit tecum! Certe, iam presbyterum amare volo; satis care eius amorem emi, quod

---

[1] Hs. clare.

tam diu propter vestras benediccįones exspectaui. Feci, sicut
michi dixisti, et cum parum incepi flere, michi remisit ex toto
corde." Ait mater: „O filia dilecta, non est crudelitas super
crudelitatem senum. Consulo quod adhuc semel eum temptes."
At illa: „Mater, in uanum laboras. Si scires quid et quantum
pro amore presbyteri pacior, si me diligeres, statim michi
consentires." Ait mater: „Audi me semel et amplius non te
impediam! Bene tibi constat quod lac ex mamillis meis suxisti
et dolores tecum in partu habui. Propter illas mamillas et dolores adhuc eum tempta tercia vice! Et [si] tunc sine pena
transieris, votum deo voueo quod te non impediam de cetero."
Que ait: „Est michi pena grauis per tantum tempus a presbytero abstinere. Sed quia votum deo fecisti quod me ammodo
non impedias, dic michi, in quo eum temptare debeo, et hoc
adimplebo." At illa: „Die dominica futura, ut bene tibi constat,
maritus tuus conuiuium habebit, in quo conuiuio pater tuus et
ego erimus et omnes nobiliores civitatis romane. Cum vero
omnes in mensa sunt collocati, pater tuus tanquam principalis
mensam incipiet, et tu ex opposito patris tui eris collocata.
Cum vero mensa pulmento, vino atque aliis ferculis fuerit plena,
private clauem tuam in fine mappe ligari facias et verba ista debes
proferre: „Ecce, quam debilis memorie sum! Cultellum meum in
cameram dimisi et mecum non portaui." Hoc dicto cum impetu de
kathedra surgas et mappam tecum in terram trahas, et si tunc
penam euadas, votum deo facio quod presbyterum vel quem-
cumque alium diligas et te amplius non impediam." At illa:
„Libenter illud perpetrabo." Vale fecit matri; domum perrexit.
Adest dies dominicus; hora debita omnes inuitati ad conuiuium
venerunt. Prepositus, pater eius, mensam incepit et filia ex
opposito in kathedra collocata est et sic per ordinem sederunt.
Cum vero mensa diuersis pulmentis, ferculis ac vino repleta
fuisset, domina ait voce alta: „Ecce, quam labilis memorie sum
ego! Cultellum meum in camera dimisi." Et statim clauem in
mappam ligauit et ait: „Vadam et cultellum meum queram."
Surrexit cum impetu et totam mappam cum superad-(*Bl.* 156 r.)
clitis [1] ad terram post se traxit. Cyphi aurei et argentei in
terra iacuerunt et alia cibaria. Miles vero vltra quam credi
potest amaritatus est et verecundiam magnam paciebatur. Statim

---

[1] *Hs.* superadadclitis.

nonam mappam ac omnia npua ordinari fecit, deinde cum omni gaudio omnes solicitabat vt cibum laute sumerent ac biberent. Omnes vero erant consolati. Finito conniuio omnes grates militi dederunt. Mane vero surrexit miles et ad ecclesiam perrexit, in qua divina audiuit. Finita missa ad barbitonsorem perrexit et ait: „Karissime, esne peritus in sanguinem trahendo de quacumque vena tibi dixero?" At ille: „Eciam, domine, peroptime, in periculo meo." Qui ait: „Sequere me cum instrumento acuto!" Secutus est eum. Cum vero domum suam intrauit, accessit ad lectum, in qua erat domina, et ait: „Surge cito, surge!" At illa: „Nondum est hora tercia." At ille: „Et si non fuerit hora prima, surgere debes." Que ait: „O domine, ad quid debeo surgere?" Qui respondit: „Vt sis minuta ex utroque brachio." Respondit: „O domine, nunquam eram minuta." At ille: „Verum est et ideo infatuata¹ es. Non recolis, quid michi fecisti? Primo arborem meam succidisti; secundo caniculum meum occidisti; hesterna die in confusionem meam mappam traxisti et si quartum perpetrasses, me pro perpetuo confudisses. Causa huius est corrupcio sanguinis. Ideo illam corrupcionem extrahere volo, ut me nec te de cetero confundas." Illa vero surrexit flendo, manus ad eum eleuando ac dicendo: „Miserere mei!" At ille: „Noli misericordiam petere, quia per misericordiam, quam deus operatus est, nisi cicius brachium ad ignem extendas, sanguinem cordis tui habebo. Recole quanta mala michi fecisti!" Illa vero brachium ad ignem extendit. Ait miles flebotomatori: „Percute satis profunde! Et nisi feceris, te percuciam." Ille vero ictum dedit, sanguis in magna copia exiuit, nec ligari permisit, donec color faciei eius mutaretur. Hoc facto ait: „Iam liga illud brachium et aliud ad ignem extende!" Que ait: „O domine, propter deum miserere mei! Ecce morior!" Qui ait: „Istud cogitasse debuisses, quando illa mala perpetrasti." Illa vero brachium sinistrum ad ignem extendit; alius percussit, donec sanguis in magna copia exiuit, ita quod color mutabatur. Brachium ligari fecit et ait: „Iam ad lectum tuum perge et de cetero cogita te emendare!" Hiis dictis foras exiuit. Illa vero totaliter debilitata lectum intrauit et ancillam suam ad se uocari fecit. Que cum venisset, ait ei: „Cito sine vlteriori dilacione post matrem meam perge, antequam

---
¹ *Hs.* infutuata.

moriar, ut ad me veniat!" Mater, cum audisset, satis gauisa venit ad filiam. Filia, cum vidisset matrem, ait: "O mater dulcissima, fere sum mortua, quia tantus sanguis exiuit de me, quod non credo vivere." Ait mater: "Predixi tibi quod senes essent crudeles. Nunquam ammodo presbyterum (*Bl.* 156 *v.*) vis diligere?" Que ait: "Presbyterum, presbyterum? Dyabolus confundat eum! Nunquam de cetero aliquem uolo diligere nisi dominum meum."

Tunc ait magister imperatori: "Domine, quid uobis videtur de hoc quod dixi?" At ille: "Certe, optime. Inter omnia, que vnquam audiui, ista narracio fuit optima; .III. mala domino suo perpetrauit et non dubito, si quartum fecisset, dominum suum confudisset." Ait magister: "Consulo ergo vt ab vxore vestra caueatis, ne per eam vobis peius contingat, si propter sua verba filium vestrum vnicum occiditis." At ille: "Amen dico tibi, magister, non morietur filius meus hodie." Qui ait: "Domine, vobis regracior quod propter narracionem meam filium vestrum a morte saluastis. Ad deum vos recommendo." Imperatrix, cum audisset quod puer ad mortem positus non fuisset, cameram priuatam intrauit et ornauit se meliori modo, quo poterat; deinde equos optimos ordinauit, quia ad patrem suum accedere uolebat. Milites hec audientes ad imperatorem venerunt dicentes: "Domine, ecce imperatrix se ad eundum parat!" Cum vero hoc audisset, statim ad eam intrauit et ait: "Karissima, quo tendis ire?" At illa: "Ad patrem meum, vbi potero viuere in gloria." Qui ait: "Credebam quod nullum tantum sicut me diligeres." At illa: "Verum est et ideo recedo, quia [1] mallem mortem tuam audire quam videre. Sine dubio tantum cupis magistros illos audire, quod tibi continget sicut Octauiano imperatori, qui tam cupidus erat, quod nobiles imperii illum viuum in terra sepelierunt et os eius auro impleuerunt." At ille: "Rogo, michi dic quomodo!" Que ait: "Non dicam, sed recedere volo." At ille: "Absit hoc a te! Diceretur quod culpa mea vel tua esset." Que ait: "Certe veritas est; culpa tua est. Dixisti enim quod filius tuus moreretur et adhuc viuit. Ideo in uerbis tuis de cetero confidere non possum." Ait imperator: "O domina karissima, regem [2] quemlibet oportet audire et facta discutere, antequam ad actum procedat; aliter esset ei confusio extrema,

---

[1] *Hs.* qui.   [2] *Hs. am Rande* imperatorem.

Et ideo rogo te vt michi dicas aliquid vtile, quod possim cordi meo imprimere, quomodo melius debeam me ipsum regere et per consequens rectum iudicium dare." At illa: „Libenter vnum notabile exemplum tibi dicam, vt de cetero non sis ita cupidus." Incepit in hac forma narrare:

Quinta narracio imperatricis (*Bl.* 157*r.*).
[Virgilius.]

Octauianus regnauit, diues valde et tamen cupidus, qui multum super omnia aurum cupiebat. Ciues romani tempore suo multas iniurias aliis nacionibus fecerunt, in tantum quod diuersa regna contra Romanos commota sunt. In illo tempore erat in ciuitate magister Virgilius, qui omnes in sciencia excellebat et precipue in arte[1] magica. Ciues eum rogauerunt ut per artem suam aliquit componeret, per quod ab inimicis premuniti essent. (*Bl.* 157*v.*) Ille vero concessit. Arte sua magica quandam turrem construxit et in summitate turris in circuitu tot ymagines, quot essent in mundo prouincie. In medio vnam ymaginem fecerat, que pomum aureum in manu sua tenebat. Quelibet imago campanellam in manu sua tenebat; quelibet imago propriam faciem ad prouinciam ei assignatam vertebat. Et quocienscumque aliqua prouincia volebat contra ciuitatem romanam se opponere ac rebellare, illa ymago illi prouincie assignata campanam pulsabat. Tunc omnes alie imagines eciam pulsabant. Romani hoc audientes se armabant et ad illam prouinciam domandam toto conamine pergebant et humiliabant, ita quod nulla prouincia non poterat tam priuate ac discrete se de Romanis vindicare, quin per ymagines turris Romani essent premuniti. Post hoc magister Virgilius ad consolacionem pauperum fecit fieri ignem in quodam loco copiosum, per quem pauperes omni tempore possent calefieri, et iuxta ignem aquam ex quodam fonte bullientem, ut omni tempore pauperes ibidem tempore necessitatis accederent et sitim extinguerent aut balnearent. Iuxta ignem et aquam fecit quandam ymaginem stantem et in fronte eius erat superscripcio talis: „Qui me percusserit,

---
[1] *Hs.* arta.

vindictam in continenti accipiat." Ymago illa per multos annos stetit. Tandem venit quidam clericus et superscripcionem legit: Qui me percusserit etc. Cogitabat: „Qualem vindictam accipies tu? Melius credo, si tibi darem alapam¹, sub pedibus tuis in terra thesaurum inuenirem et ideo nolles quod aliquis te tangeret, ne caderes." Clericus manum dextram leuauit et alapam ei dedit cum tanto vigore, quod ymago cecidit; ignem extinxit et aqua euanuit et nullum thesaurum inuenit. Pauperes de casu ymaginis audientes contristati sunt valde et dixerunt: „Pereat ille, qui ymaginem propter suam cupiditatem destruxit et nos a magno solacio priuauit!" Post hoc vero conuenerunt .III. reges, qui multas iniurias per Romanos sustinuerunt, et inter se dixerunt: „Quomodo poterimus nos vindicare de Romanis?" Dixerunt aliqui: „In vanum laboramus. Quamdiu turris cum ymaginibus steterit, nichil contra eos agere poterimus." Ad illud verbum surrexerunt .III. milites et dixerunt: „Quid dabitis nobis et turrem cum ymaginibus destruemus? Et per consequens Romanos debellare potestis." Reges dixerunt: „Quid et quantum petitis?" At illi: „.IV. dolia auro plena." At illi: „Inplebitur vestra peticio." Isti .III. milites .IV. dolia acceperunt et versus Romam perrexerunt. Ad primam portam extra fossam profundam fecerunt et vnum dolium² in ea sepelierunt. Deinde ad secundam portam secundum dolium et ad terciam tercium et ad quartam quartum. Hoc facto (*Bl.* 158 *r.*) ciuitatem intrauerunt. Statim in platea imperator eis obuiabat et dixit: „Karissimi, vnde estis et ob quam causam huc venistis?" At illi: „Domine, de terra longinqua sumus et augures tam perfecti, quod nichil aliud sompniare³ poterimus, nisi vbi aurum est absconditum. Et sic copiam auri inuenire poterimus. Audiuimus de vestra probitate et ideo ad uos venimus, si de nostro seruicio indigetis." At ille: „Probabo vos et si vos veraces inuenero, premia a me recipietis." At illi: „Domine, nichil aliud pro mercede petimus nisi dimidietatem de omnibus inuentis." At ille: „Bene dicitis; concedo. Sequamini me!" Illi vero secuti sunt regem vsque ad palacium. Ad mensam sunt positi. Cena finita dixerunt regi: „Domine, si placet, dormiemus et senior ex nobis sompnium videbit ista nocte, et die crastina vobis indicabimus." At ille: „Ite cum benediccione dei! Deus det uobis bonum sompnium⁴, ut inuenire

---

¹ *Hs.* alabam. ² *Hs.* doleum. ³ *Hs.* sopniare. ⁴ *Hs.* sopnium.

possimus thesaurum!" Illi perrexerunt et noctem illam cum gaudio et derisionibus duxerunt. Mane vero ad regem venerunt. Ait primus: „Domine, sompnium[1] vidi, quod extra portam primam ciuitatis est fossa profunda, in qua est dolium auro plenum absconditum. Eamus ibidem et nobiscum venietis!" Ait rex: „Vadam et videbo, si sunt vera que dicis." Cum vero ad portam venerunt, dolium, quod posuerunt, extraxerunt. Rex, cum hoc vidisset, gauisus est valde et medietatem auri eis dedit. Tunc ait secundus: „Domine, ego sompniabo nocte ista." Ait rex: „Deus det tibi bonum sompnium!" Mane vero dixit: „Domine, extra secundam portam est aliud dolium auro plenum. Eamus ibidem!" Ait rex: „Michi bene placet." Cum vero ibidem venissent, secundum dolium traxerunt, quod antea posuerunt et dimidietatem eis dedit. Ait tercius: „Domine nocte ista ego sompniabo." Ait rex: „Deus det tibi bonum sompnium! Benedicatur hora, qua ad me venistis!" Mane vero tercius dixit regi: „Domine, extra terciam et quartam portam sunt duo dolia auro plena. Eamus et videbimus!" Ait rex: „Paratus sum." Cum vero ad terciam portam venerunt, tercium dolium traxerunt. Deinde ad quartam portam (uenerunt) et quartum dolium inuenerunt. Gauisus est rex valde, dedit eis dimidietatem et ait: „Nunquam tam veraces homines vidi vel audiui." Tunc .III. vno ore dixerunt: „Domine, huc vsque vnus post alium sompnium[1] vidit; sed modo deo volente nocte ista nos .III. sompniabimus[2], et per illud sompnium speramus copiam auri inuenire." Ait rex: „Deus det vobis bonum sompnium[1] et vtile pro sua pietate!" Illi vero nocte illa regem deridebant, sicut antea fecerunt. Mane vero imperatori dixerunt: „O domine, bonos rumores habemus. Si pro perpetuo diues esse desideratis, iam potestis fieri." Ait rex: „Dicite michi quomodo!" At illi: „Sompnium vno animo vidimus (Bl. 158v.), quod sub fundamento turris, vbi sunt ymagines, tantum latet de auro purissimo, quod omnes equi romani non portarent." Ait rex: „Absit a me hoc, illud temptare, ut turrem cum ymaginibus propter aurum destruerem, per quas ab inimicis nostris sumus premuniti!" At illi: „Domine, petimus ut dicatis, si vmquam nos mendaces inuenistis!" At ille: „Nunquam, immo veracissimi." Qui dixerunt: „Et nos manucapimus fundamentum sic subtiliter fodere, quod forcius turris

---

[1] Hs. sopnium. [2] Hs. sopniabimus.

stabit, et aurum totum habebitis. Sed oportet ut hoc de nocte fiat, ne populus ad nos confluat et thesaurum vi asportaret." Ait rex: "Ite cum benediccione dei, et cras mane cum omnibus equis ad uos veniam." Perrexerunt illi gavdentes et cum nox adesset, circa mediam noctem inceperunt fodere, quousque turris parata esset cadere. Deinde ignem submiserunt et agili cursu [1] extra ciuitatem perrexerunt. Vix ad vnum miliare fuerunt, quando ignis ex vna parte ardebat et destructio ex alia parte, quam milites fecerunt, quod turris cum ymaginibus cecidit. Mane vero venerunt satrape ciuitatis et cum turrem destructam cum ymaginibus viderunt, vltra quam [credi] potest, doluerunt et imperatori dixerunt: "Domine, quomodo est hoc quod turris cum ymaginibus cecidit, per quas ab inimicis premuniti eramus?" At ille: ".III. falsi homines ad me venerunt et dixerunt quod copia tanta auri in fundamento turris esset, quod omnes equi ciuitatis non portarent; et quod tam subtiliter aurum extraherent, quod nec turrem nec ymagines lederent." Aiunt illi: "Tantum aurum cupiebas, quod per tuam cupiditatem destructi sumus. Sed tua cupiditas primo in te ipsum redundabit." Statim eum acceperunt et os suum auro impleuerunt et sic viuum in terram sepelierunt. Post hoc cito venerunt inimici et Romanos destruxerunt.

Tunc ait imperatrix imperatori: "Domine, intellexisti que dixi?" At ille: "Eciam, peroptime." Que ait: "Turris cum ymaginibus est corpus tuum cum .V. sensibus. Quamdiu tu manes, nullus aduersarius audet populum molestare. Hec videns filius tuus maledictus cum magistris tuis conuenit, quomodo per falsas narraciones suas possint te destruere, quas tu cupis nimis audire, in tantum quod turrem corporis tui suffodiunt te eis inclinando et ymagines i. e. sensus tuos corrumpendo. Et tunc, cum te infatuatum totaliter viderint, destruent ac occident [te], ut filius tuus poterit regnum optinere." At ille: "Amen dico tibi, bonum exemplum michi dixisti. Non me prosternent sicut turrem, quia, pro quo laborant, hodie morietur." At illa: "Hoc fac et viue!" Die vero crastina precepit satellitibus ut filium suum sine vlteriori dilacione ad patibulum (*Bl.* 159r.) ducerent. Quod et factum est. Cum populus tubas mortis audiret, factus est planctus magnus in ciuitate. Cum vero sic eum ducerent,

---
[1] *Hs.* curru.

ecce quintus magister eis obuiabat, sedens super dextrarium.
Puer, cum magistrum suum vidisset, caput ei inclinauit, ac si
diceret: „Memento mei, cum veneris coram patre meo! Ecce,
ad patibulum vado!" Magister vero ait: „Karissimi, nolite tantum
cum puero festinare! Spero hodie per dei adiutorium saluare
meum discipulum." Hoc dicto percussit equum cum calcaribus,
uenit ad palacium, descendit, aulam intrauit et satis humiliter
regem[1] salutauit. At ille: „Nunquam tibi bene sit nec alicui
de sociis tuis! Creditis uos me decipere, sicut ille .III. milites
imperatorem de turri et ymaginibus? Non fiat ita!" Ait magister:
„Quomodo illi eum deceperunt, ignoro; sed vnum scio quod non
merui talia a uobis audire." Ait imperator: „Mentiris. Nonne
uobis filium meum bene loquentem tradidi? Et iam non loquitur
et, quod peius est, vxorem meam opprimere volebat." Ait magister: „Quod iam non loquitur, est sapiencia magna; sed bene
scio in potestate sua est loqui vel tacere, sicut infra breve tempus audietis. Sed quando dicitis quod vxorem vestram opprimere uolebat, non credo, quia hoc non dictat racio, quod tam
sapiens vt ille est, de tali fatuitate se intromittat. Sed vnum
vobis sine dubio dico, si illum occiditis propter verbum vxoris
vestre, continget de vobis sicut de Ypocrate et Galieno, nepote
suo, quomodo tempore necessitatis deus de Ypocrate propter
Galienum vindictam accepit." Ait imperator: „Hoc vellem libenter audire." [At ille]: „Certe, non dicam. Quid michi prodest
narrare et, antequam finiero, puer moritur in patibulo. Sed si
desiderat cor vestrum vnum notabile exemplum audire, reuocate
puerum, et interim sub custodia habeatur. Postquam vero finiero,
consciencia vestra iudicet, si sit occidendus vel non." Imperator
interim puerum reuocari fecit et in carcere poni. Magister autem
incepit in ista forma narrare:

Quinta narracio [quinti] magistri (*Bl.* 160 r).

[Medicus.]

Quondam erat famosus physicus, nomine Ypocras, subtilis
valde, qui omnes alios in sciencia sua excellebat. Qui habebat

---

[1] *Hs. am Rande* imperatorem.

quendam nepotem, nomine Galienum, quem multum dilexit. Galienus iste erat excellentis ingenii, et totis viribus ad hoc laborabat, ut artem medicine ab auunculo addisceret. Ypocras, cum hoc percepisset, quantum potuit, scienciam suam ab eo abscondit, credens propter excellenciam sui ingenii quod, si artem medicine sciret, eum superaret. Galienus, cum voluntatem auunculi sui percepisset, magis ac magis se ad illam artem dedit, in tantum quod perfectus medicus est factus. Hoc percipiens Ypocras multum ei inuidebat. Accidit quod rex Vngarie solempnes nuncios misit ad Ypocratem, ut filium suum curaret et ad eum veniret. Ypocras vero per litteras se excusauit; sed sciens nepotem suum esse perfectum in arte, eum pro filii curacionem misit. Galienus vero, cum ad regem venisset, honorifice est receptus; sed ammirabatur, quare Ypocras non venisset. Ille vero eum excusabat quod in arduis occupatus esset, quare venire non poterat. "Sed me in loco suo misit, vnde deo volente puerum curabo." Regi placuit de responsione. Galienus puerum visitauit et cum vrinam et pulsum vidisset, dixit regine: "Domina karissima, oportet ut vrinam tuam ac regis videam; et tunc melius potero causam infirmitatis pueri discernere." At illa: "Michi bene placet per omnia." Die vero crastina, cum vtramque vrinam vidisset, reginam ad partem traxit et ait: "Domina, paciencer sustineas verba mea! Dic michi: quis est pater istius pueri?" At illa: "Quis deberet esse pater nisi dominus meus, rex?" Qui ait: "Certe, non est." Illa, cum hoc audisset, ait: "Si scirem quod talia ex corde diceres, caput tuum amputari facerem." Et ille: "Et ego tibi dico quod rex non est pater suus. Huc ad nos veni, ut premia reciperem, non, ut caput amitterem; et ex quo sic est, ad deum te recommendo. Provideatis de alio medico!" Regina, cum hec vidisset, ait: "O bone magister, non debes recedere. Tibi consilium meum expandam. Noli me prodere!" Qui ait: "Absit a me illud perpetrare!" Que ait: "A casu quidam dux de Burgundia ad dominum meum venerat, et puerum istum ex me genuit." At ille: "Noli timere! Iam veritatem scio; filium tuum perfecte curabo." Statim puero carnes bouinas ad commedendum dedit et aquam ad bibendum; et sanatus est puer. Rex, cum hoc vidisset, mercedem condignam ei dedit. Sed premia a regina occulte recepit et recessit. Cum vero ad Ypocratem venerat, ait: "Numquid puerum (*Bl.* 160 v.) sanasti?" At ille: "Eciam, magister." Qui ait: "Et quid ei dedisti?" Respondit: "Carnes bouinas ad commedendum et aquam ad bibendum." Ait Ypocras: "Ergo mater meretrix est." Qui ait: "Verum est." Ypocras statim inuidia motus cogitauit: "Nisi iste extinctus fuerit, me superabit." Ab illo die cogitabat eum occidere. Accidit quodam tempore quod Ypocras ortum herbarum volebat intrare. Uocauit Galienum et ait: "Ortum intremus ad colligendum herbas!" At ille: "Presto sum." Ambo intrabant. Ait Ypocras: "Per odorem sencio bonam herbam ac virtuosam. Inclina te et de terra eam extrahe!" Galienus hoc impleuit. Cum vero vlterius processissent, ait Ypocras: "Iam sencio meliorem; eam extrahe!" Et sic factum est. Dum vero vlterius processissent, ait: "Iam sencio herbam, que valet aurum; eam cum radice totaliter extrahe, eo quod ad multa valet!" Galienus vero inclinauit se, ut totaliter eam extraheret. Ypocras pugionem extraxit et Galienum a parte posteriori vsque ad cor percussit et in eodem loco mortuus est. Post hec vero Ypocras vsque ad mortem infirmabatur in dissenteria. Fecit quitquit poterat et se ipsum curare non potuit. Audientes hoc discipuli eius ex omni parte confluebant ad eum, attemptabant quitquit sciebant et nichil eis valuit. Ypocras, cum hoc vidisset, dixit discipulis suis ut dolium aqua plenum afferrent. Et sic factum est. Cum vero dolium ante se positum fuisset, precepit discipulis suis ut vnam tantomodo herbam, quam eis nominauit, infra dolium ponerent. Illi vero sic fecerunt. Deinde ait eis: "Karissimi, centum foramina in dolio facite, per que aqua poterit exire!" Et sic factum est et nulla gutta exiuit. Ait Ypocras: "Ecce karissimi, quomodo vindicta dei cecidit super me, sicut aperte videtis? Hic sunt .C. foramina [longa]¹ et lata; et propter virtutem herbe interius nulla gutta poterit exire. Ego vero non tantum illam herbam, sed plura alia feci, preparaui ad opcurandum corpus meum de fluxu isto, et uos omnes ad hoc laborastis; nec michi nec vobis aliquit prodest. Karissimi, si Galienus, nepos meus, quem occidi, modo vixisset, optime me curasset. Ecce dei vindicta!" Hiis dictis uertit se ad parietem et spiritum emisit.

Tunc ait magister imperatori: "Domine, intellexistis que dixi?" At ille: "Eciam, peroptime." Qui ait: "Quit mali esset quod Galienus vixisset?" At ille: "Immo optimum bonum, quia

---

¹ *Hs.* lata.

tunc Ypocras tunc temporis mortuus non esset, et ideo iusto dei iudicio medicina non ei valuit." Ait magister: "Et ego dico vobis, peius uobis continget, si propter verbum vxoris vestre filium vestrum vnicum occiditis, qui tempore necessitatis, si contingeret, vos saluaret." At ille: "Amen dico tibi, non morietur filius meus hodie." Ait magister: "Sapienter agitis; sed vos regracior multum quod propter exemplum vnico filio vestro pepercistis. Ad deum vos recommendo¹." Qui ait: "Non propter tuum exemplum tantum (*Bl.* 161*r.*) peperci; sed racio dictat quod mulieres sunt cauillose. Dominus sit tecum!" Imperatrix, cum audisset quod puer saluatus esset, vestes suas ac crines dilacerauit et horribiliter clamauit: "Heu michi, heu! quod vnquam ad partes istas veni! Quanta gaudia sunt in regno patris mei et ego hic tot angustias pacior!" Imperator, cum eius clamores audisset, cameram intrauit et ait: "O bona domina, cur tantum tristaris? A fletu cessa!" Que ait: "O domine, quomodo potero ego misera tacere? Ex quo filia regis sum ego et vxor tua, in cuius societate talem despectum sustinui? Et michi fideliter promisisti emendam inuenire, et optinere non potero." Ait imperator: "Quid dicam breuiter, ignoro. Tu laboras de die in diem ut occidam filium meum; magistri vero e contrario ut non occidam. Et ideo ignoro, ex qua parte veritas iacet." At illa: "Tu credis magistris plus quam michi; et ideo tibi continget, sicut contigit cuidam regi et senescalco suo." Ait imperator: "Rogo, dic michi illud exemplum, per quod cicius viam inueniam occidendi eum!" At illa: "Fiat voluntas tua! Sed rogo deum quod cor tuum verbis meis inclinetur etc." Et taliter incepit:

Sexta narracio imperatricis (*Bl.* 161*v.*).

[Senescalcus.]

Rex quidam erat miro modo inflatus, in tantum quod mulieres eum appropinquare abhorrebant. Rex iste intendebat corpora apostolorum Petri et Pauli de Roma violenter aufferre. Dum esset in uia, in quadam ciuitate hospitatus est; uocauit senescalcum suum, quem multum dilexit et in quo pre ceteris confidebat,

---

¹ *Hs.* reconmendo.

et ait ei: „Karissime, quere michi mulierem pulcram, ut in sinu meo nocte ista dormiat." At ille: „Domine, mulieres sciunt te inflatum; sine magno precio nulla veniet ad uos." Ait rex: „Nonne diues satis sum ego? Querat mulier quantum voluerit et dabo ei, etiam si petat mille florenos." Senescalcus hec audiens ductus cupiditate ad vxorem propriam, que erat pulcra valde ac casta, accessit et ait: „Karissima, per te poterimus lucrari." Que ait: „Dic michi, domine, quomodo?" At ille: „Dominus meus rex mulierem appetit nocte ista; sed quia est inflatus, vix mulier inueniri poterit, que ad eum accedere velit. Ideo michi precepit[1] mulierem conducere precio; etiamsi mille florenos ei darem, non propter hoc dimitterem. Vnde, karissima, ducam te ad lectum suum in noctis obscuritate; et ante diem surges et sic tantam peccuniam poterimus optinere." (*Bl.* 162*r.*) At illa: „Licet non esset inflatus, absit hoc a me ut propter bona aliqua temporalia tale peccatum contra deum committerem!" Ait senescalcus: „Et ego deo uoueo, nisi uoluntatem meam perfeceris, nunquam bonum diem mecum habebis." Illa uero hec audiens timuit valde, in tantum quod ex timore ei consensit. Senescalcus, cum hoc audisset, venit ad regem et ait: „Domine, vnam mulierem satis pulcbram, generosam inueni, que non minus quam mille florenos vult recipere; et cum hoc ut in noctis obscuritate veniat et ante diem recedat, ne videatur ab hominibus." Ait rex: „Michi per omnia bene placet." Cum nox adesset, senescalcus vxorem suam ad lectum regis introduxit et clauso hostio camere recessit. Senescalcus vero circa gallicantum surrexit et uenit ad regem et ait: „Domine mi, cito dies est. Bonum est ut teneamus promissum quod mulier iuxta nos recedat, ne ab hominibus videatur!" Respondit rex: „Amen dico tibi, ipsa michi bene placet; nondum recedet." Senescalcus hoc audiens tristis recessit. Vix per aliquot tempus exspectabat, quando rediit et ait: „Domine mi, aurora est. Dei amore eam permittatis exire!" Et ille: „Certum est quod adhuc non exibit. Ad lectum tuum perge et hostium post te claude!" Senescalcus tristis valde recessit. Hinc inde ambulauit, quousque diem clare vidit. Statim cameram intrauit et ait: „Domine mi, dies est clara. Mulier erit confusa, si videatur. Permittatis eam

---

[1] *Hs. nach* precepit *nochmals* michi.

exire!" At ille: „Certe nondum exibit, quia optime michi placet de societate sua." Senescalcus hec audiens non poterat se vlterius continere; ait: „O bone domine, permittatis eam exire, quia vxor mea est!" Rex hec audiens ait: „Aperi fenestram, vt videam, si verum est quod dicis!" Ille vero fenestram aperuit et clara dies apparebat. Respexit rex super mulierem vidensque quod vxor senescalci sui esset, ait: „O pessime, quare propter paruam peccuniam confudisti vxorem tuam, quod me ignorante eam tradidisti? Exeas cito de regno meo, quia, si vltra diem istum moram feceris, morte turpissima eris condempnatus!" Senescalcus vero hoc audiens fugit nec ultra comparuit; rex vero, quamdiu vixit, vxorem eius in honore et gaudio secum tenuit. — Post amocionem senescalci exercitum collegit et Romam obsedit tam diu, quousque Romani corpora sanctorum Petri et Pauli volebant ei dare, ut discederet. Erant tunc in ciuitate .VII. sapientes, sicut iam uos habetis, de quorum concilio tota ciuitas erat regulata. Venerunt ciues ad sapientes et dixerunt: „Quid faciemus? Ciuitas est in periculo perdendi; vel oportet eis ciuitatem dari aut corpora sanctorum." Ait primus: „Ego manucapio vno die ciuitatem et corpora (*Bl.* 162*v.*) saluare." Ait secundus: „Et ego secundo die manucapio saluare." Et sic omnes per ordinem dixerunt, sicut magistri tui filio tuo promiserunt. Rex vero incepit ciuitati dare insultus. Primus sapiens incepit allegare pro pace, vnde ita prudenter incepit loqui quod rex desistebat, et quolibet die vnus post alium, donec ad ultimum venit. Venerunt ciues ad eum et dixerunt: „O bone magister, rex iurauit quod die crastina ciuitatem habebit, vel omnes moriemur. Salua nos, sicut iam socii tui fecerunt!" At ille: „Nolite timere! Crastina die vnum opus perpetrabo quod rex fugam accipiet cum exercitu suo." Die crastina rex graues insultus ciuitati dedit. Magister quadam tunica mirabili se induit habensque in tunica pennas pauonis et parua tintinabula et alios colores aliarum auium, caudas surellorum et sic cum duobus gladiis politis alciorem[1] turrem ciuitatis ascendit, vbi rex cum toto exercitu eum videre posset. Incepit se hinc inde mouere, duos gladios in ore tenere et miro modo splendere. Illi vero de exercitu [hoc] videntes regi

---

[1] *Hs.* alciorem *zweimal.*

dixerunt: „O domine, nonne videtis in summitate turris vnum mirabile?" At ille: „Et satis mirabile; sed quit sit, penitus ignoro." At illi: „Est deus Christianorum, qui de celo descendit, qui per illos duos gladios nos omnes interficiet, si moram hic fecerimus." Rex hec audiens timuit et ait: „Et quid faciemus?" At illi: „Non est nisi via vna: de loco isto statim recedamus, ne deus ille cicius cum illis gladiis nos occidat!" Rex vero cum toto exercitu accepit fugam, cum tamen non erat necesse. Romani, videntes quod fugam acceperunt, armati post eos toto conanime sequebantur, regem eorum occiderunt et infinitos alios, ita quod pavci remanserunt. Et sic per cautelam senis deuictus [est].

Tunc ait imperatrix: „Domine, intellexisti que dixi?" At ille: „Eciam, peroptime." Que ait: „Nonne primo audiuisti quomodo senescalcus, in quem rex tantum confidebat, propriam vxorem propter cupiditatem prodidit et confudit et ideo de regno fuit expulsus? Simili modo filius tuus propter cupiditatem, quam habet ad imperium, ut regnet, te intendit confundere ac destruere. Sed dum es in tua potestate, fac tu, sicut fecit rex cum senescalco suo. Si eum occidere non vis, saltem sit exulatus, ut de cetero nunquam compareat; et tunc in pace poteris quiescere. Deinde audisti quomodo rex ciuitatem romanam obsedit et quomodo per sapientes deceptus fuit et ciuitatem perdidit et in fine per cautelam vnius senis occisus et deuictus totus exercitus fuit. Eodem modo iam isti .VII. sapientes intendunt tecum agere i. e. per cautelas te decipere et in fine te occident, ut filius tuus regnare poterit." Ait imperator: „Amen dico tibi (*Bl.* 163*r.*), non fiet ita, quia morietur filius meus die crastina." Precepit satellitibus ut filium suum ad patibulum ducerent, et sic factum est. Populus clamabat ac gemitus emittebat. Statim sextus magister occurrebat sedens super dextrarium, cui populus dicebat: „O bone magister, salua tuum discipulum; festina ad palacium!" Puer vero ei caput inclinauit, ac si diceret: „Memento mei, cum veneris coram patre meo! Ecce, vado ad mortem!" Percussit equum cum calcaribus, venit ad palacium, descendit, aulam intrauit et flexis genibus imperatorem salutauit. Ait imperator: „Nunquam tibi bene sit!" Qui ait: „Testis est michi deus, ista non merui audire, sed magis premia recipere." At ille: „Mentiris; tradidi filium meum vobis bene loquentem. Et modo mutus efficitur et, quod peius est, vxorem meam opprimere nolebat. Quare ipse hodie morietur et vos omnes post eum perhybitis." Ait magister: "Quando dicitis quod mutus est, certe non credo quin potest loqui, si ei placet; sed vtile est ei vt ad presens taceat, quia infra triduum ipsum loquentem audietis, si vitam habuerit. Cum vero dicitis quod vxorem vestram opprimere volebat, miror de vestra prudencia, quod de tam leui[ter] dictis eius creditis. Potest nobis contingere, si eum occiditis, sicut quondam contigit vni militi, qui tantum adherebat dictis et concilio vxoris sue, quod erat ad caudas equi tractus et tunc suspensus in patibulo.". Ait imperator: "Amore dei, dic michi illud exemplum, ut ab omni periculo euadere potero!" At ille: "Non dicam, nisi prius puer reuocetur, quia, priusquam perorauero, puer posset mori in patibulo. Sed postquam finiero, erit in vestra potestate vel voluntate, quit sit faciendum de vestro filio." Imperator fecit puerum reuocari et interim in carcere poni. Magister vero coram omnibus incepit narrare in ista forma:

Sexta narracio sexti magistri (*Bl.* 163 *v.*).

[Amatores.]

Imperator quidam erat, qui .III. milites habebat, quos miro modo dilexit. In ciuitate romana erat quidam miles senex, qui iuuenculam pulcram in vxorem accepit, quam super omnia dilexit, sicut iam vos imperatricem diligitis. Domina ista miro modo dulciter cantauit, in tantum quod multos ad domum suam traxit et a multis erat desiderata. Accidit semel, cum sederet in solio suo versus stratam publicam, ut transeuntes videret, incepit cantare tam dulciter, quod omnes delectabantur eam audire. A casu vnus miles ac senior de curia imperatoris transitum per eandem plateam fecerat, qui, cum audisset eam tam dulciter cantare, leuauit occulos eius et eam intime respexit. Statim captus est in amore eius, domum suam intrauit, verba de amore inordinato ei proferebat et ait: "Quantum tibi dare debeo, vt vna nocte tecum dormiam?" At illa: "Centum florenos." Qui ait: "Concedo; sed dic michi, quando ad te accedere debeo!" Que ait: "De hoc prouidebo, quando locum et tempus habere potero, et tunc ore ad os tibi denunciabo." Miles contentus est de promissione. Vale ei fecit, ad curiam imperatoris perrexit. Die vero secunda solarium ascendit et dulciter cantare [in]cepit. A casu superuenit secundus miles de curia imperatoris, et cum eius cantum audisset, rap-(*Bl.* 164*r.*)tus est in amore eius et de amore inordinato statim ei loquebatur et dixit: „Karissima, quid tibi dare debeo ad hoc, vt vna nocte tecum dormiam?" At illa: „Centum florenos et non minus." Qui statim concessit, sed quando venire deberet, ut noluntatem suam cum ea impleret, diligenter quesiuit. At illa: „De tempore apto et loco secreto, de hoc prouidebo. Vade ad [domum]¹, ne ab hominibus videaris." Ille vero vale ei fecit, ad curiam imperatoris perrexit. Tercia vero die simili modo solarium ascendit, dulciter cantare incepit. Hoc audiens tercius miles de curia imperatoris, qui, eodem die transitum per eandem viam fecit a casu, vltra quam credi potest, ei videbatur mori, nisi prius cum ea loqueretur. Cum vero locutus est, ei ait: „Karissima, non est in mundo creatura, quam magis diligo." At illa: „Michi bene placet. Sed quid dabis michi, vt tibi concedam voluntatem tuam?" At ille: „Quid queris pro nocte vna?" Que respondit: „Centum florenos." Qui ait: „Libenter tibi dabo. Sed dic michi, quomodo tecum potero dormire!" At illa: „Prouidebo tempus aptum, quando erit nobis vtile sine suspicione, et hoc in breui, et tunc tibi nuncium mittam, vel ore ad os tibi dicam." At ille: „Peroptime michi placet responsio tua." Vale ei fecit, ad curiam imperatoris perrexit. Isti .III. milites sic domine loquebantur, quod nullus de priuato alterius sciebat. Domina vero, plena cautela et malicia, venit ad maritum suum, senem militem, et ait: „Domine, habeo tibi secretum dicere, et si secundum consilium meum feceris, ad magnas diuicias promotus eris; et hoc indigemus, quia pauperes sumus." At ille: „O bona domina, libenter consilium tuum perpetrabo, quia necesse esset ut bona haberemus." Que ait: „.III. milites de curia imperatoris ad me venerunt, vnus post alium, ita quod nullus scit de secreto alterius. Quilibet offert michi centum florenos, [vt condormiam ei vna nocte]². Si illos trecentos florenos haberemus, et ego ab eis non essem cognita, esset prudencia magna." At ille: „Quitquit tibi placet,

---

¹ *Hs.* deum. ² *nur im Drucke.*

hoc et michi." Que ait: „Dabo tibi bonum consilium. Dicam primo militi quod in principio noctis cum florenis veniat, secundus in gallicantu, tercius in aurora cum promissis. Tu vero cum gladio euaginato stabis retro ianuam, et cum quilibet intrauerit, vnum post alium interficies, et sic florenos habebimus et ego non ero cognita." At ille: „Timeo quod in occisione postea erimus deprehensi et per consequens mala morte mori[emur]." Que ait: „Istud opus ego incipio et bonum finem faciam. Noli timere!" Miles, cum hoc audisset, ait: „Consilium tuum adimplebo." Domina statim pro primo milite misit, ut ad eam veniret. Ille vero statim se ei presentauit (*Bl.* 164 *v.*), que ait: „Karissime, si amorem meum habere desideras, in ista nocte in principio in obscuritate venias cum florenis et voluntatem tuam perficies." At ille: „Paratus ero." Statim recessit. Deinde pro secundo milite misit et ei dixit ut eadem nocte in gallicantu veniret cum peccunia. Ille vero de hoc gauisus recessit. Deinde pro tercio milite misit, ut ad eam veniret; qui cum venisset, ait: „Karissime, ista nocte in aurora ad me venies cum peccunia et voluntatem tuam adimplebis." Et ait: „Istud tempus non omittas, quia aliud tempus habere non poteris!" At ille: „Michi bene placet." Cum nox adesset, primus miles in noctis obscuritate venit; adest, ad ianuam pulsauit. Illa vero erat parata et ait: „Numquid florenos tecum portasti?" Qui ait: „Omnia parata habeo." Illa vero ianuam apperuit et eum intrare permisit. Cum vero intrasset, maritus eius subito eum in capite usque ad cerebri effusionem percussit, et mortuus est. Corpus eius in cameram priuatam traxerunt. Circa gallicantum venit secundus miles cum peccunia et eodem modo est interfectus et in eandem cameram tractus. In aurora tercius miles cum peccunia venit et simili modo est interfectus et in eandem cameram positus. Hoc facto ait miles: „O bona domina, si ista corpora nobiscum inuenta fuerint, turpissima morte condempnati erimus, quia non potest esse quin fiat questio in curia imperatoris, quo milites deuenerint." At illa: „Domine, ego istud factum iucepi et ego bonum finem perpetrabo. Noli timere! Adhuc ignoras malicias mulierum." Domina ista germanum habebat, qui erat peruigil ciuitatis. Illa vero, cum peruigiles ciuitatem circuibant, in ianua domus sue stetit, et cum frater suus in platea ambulabat, vocauit eum et ait: „O frater karissime,

quoddam secretum habeo tibi expandere; intra domum meam
et parum requiesce, donec perorauero!" Ille vero intrauit;
miles vero eum gratanter recepit; ambo iuxta ignem sedebant.
Ait domina: „O frater mi dilecte, hec est causa, quare feci te
intrare, quia secretum cordis mei potero tibi explicare. Nocte
preterita quidam miles intrauit et cum domino meo de diuersis
contulit. Inter cetera quedam verba opprobria ei protulit.
Dominus meus ex hoc indignatus illum vsque ad cor percussit,
et mortuus est. Corpus eius in camera nostra iacet. Frater
karissime, nullum habemus, in quem poterimus tantum confidere sicut in te. Si corpus defuncti inueniatur nobiscum, morte
turpissima erimus condempnati[1]. Ideo dei amore corpus illud
ammoueatur, ne nobiscum inueniatur!" Et nichil ei fatebatur
nisi de vno milite occiso. At ille: „Trade eum michi in sacco
et ducam eum ad mare, vbi nunquam corpus suum videbitis."
(Bl. 165r.) Illa hec audiens gauisa est valde; tradidit ei
corpus primi militis in sacco. Peruigil corpus accepit et agili
cursu ad mare perrexit et illud in mare proiecit. Hoc facto
reuersus [est][2] ad domum sororis et ait: „Propina michi de
bono vino, quia per deum ab eo estis liberati!" At illa: „Deus
tibi retribuat!" Surrexit, ac si vinum quereret. Cameram intrauit, in qua corpora mortuorum iacebant; clamauit uoce
magna et ait: „Per deum omnipotentem, miles proiectus in
mare rediit!" Peruigil, cum hoc audisset, ammirabatur et ait:
„Trade ergo eum michi et videbo, si iterato resurgat." Accepit
corpus secundi militis, quod credebat esse primum, posuit in
saccum, ad mare cucurrit, grandem quoque lapidem circa
collum eius ligauit et sic in aquam proiecit; nam mare per
medium ciuitatis currebat. Hoc facto ad domum sororis rediit
et ait: „Karissima soror, propina michi de bono vino, quia
sine dubio iam liberata es de eo!" Ait illa: „Benedictus sis
a deo!" Cameram intrauit, ac si vinum quereret. Alta uoce
clamauit: „Heu michi, heu! per deum omnipotentem, miles
rediit!" Peruigil, cum hoc audisset, ait: „Qualis dyabolus est
ille miles? Primo eum in aquam proieci; secundo lapidem
grandem circa collum suum ligaui; et adhuc surrexit et huc
venit. Trade eum michi!" Accepit tercium militem in saccum,
quem credebat esse primum; et extra ciuitatem perrexit ad

---

[1] *Hs.* condepnati. [2] est *nur im Drucke.*

quandam forestam et fecit ignem copiosum et in ignem proiecit. Dum vero ipse in conburendo esset, peruigil ad quandam distanciam perrexit, ut venterem suum purgaret. Dum vero ille fuisset in faciendo opus nature, venit quidam miles in equo de longinquis partibus per uiam illam versus quoddam torneamentum, quod debebat fieri crastina die hora prima. Miles vero, cum frigidus esset, ad ignem perrexit, descendit et calefaciebat se. Cum sic ad ignem staret, peruigil versus ignem venit et ait: „Qualis es tu, qui ibi stas?" At ille: „Miles sum de nobili genere." At ille: „Non miles sed dyabolus! Primo in aquam te proieci; secundo cum grandi lapide; tercio in ignem istum ad comburendum te posui. Et adhuc hic stas cum equo." Accepit militem cum equo et in ignem proiecit. Deinde ad domum sororis rediit denunciansque ei, quomodo, postquam eum combusserat, eum stantem cum equo inuenit, et ait: „Equum cum milite iterato in ignem proieci. Iam propina michi de bono vino!" Soror, cum hoc audisset, cogitauit: „Ille miles cum equo est quidam miles, qui ad torneamentum die crastina venerat." Statim surrexit et vinum ei propinauit. Ille vero vale eis fecerat et recessit. Non multum post accidit, contencio inter militem et (*Bl.* 165*v.*) vxorem suam, ita quod miles ei alapam dedit. Illa indignata ex hoc ait coram multis: „O miser, numquid vis me occidere sicut .III. milites imperatoris occidisti?" Homines hec audientes [dixerunt imperatori][1]. Statim ambo capti sunt et coram imperatore ducti. Mulier coram omnibus confessa est quod maritus eius eos occidit et .CCC. florenos ab eis abstulit. Veritate comperta ambo tracti sunt ad caudas equi et postea in patibulo suspensi.

Tunc ait magister imperatori: „Domine, intellexistis que dixi?" At ille: „Eciam, peroptime. Coram deo, illa erat mulier pessima et turpissima, morte digna, que virum suum ad homicidium instigauit ac consuluit et postea prodidit." Ait magister: „Vere, domine, timendum est quod nobis peius contingat, si vestrum filium propter verbum vxoris vestre occidatis." At ille: „Amen dico tibi, non morietur filius meus hodie." At ille: „Domine, reddo nobis grates, quod propter exemplum meum ei parcitis. Ad deum vos recommendo."

---

[1] *Nur im Drucke.*

Imperatrix, cum audisset quod puer illo die saluatus esset, tamquam vehemens in furia sua ad imperatorem cucurrit et ait: „O domine, domine, heu michi, heu! sum in proposito me ipsam occidere, ex quo sic semper debeo viuere in dolore." At ille: „Absit a te talia cogitare! Signa cor tuum signo crucis, exspecta paulisper, quia, ut credo, cito finis istius negocii habebitur!" At illa: „Domine, finis erit malus, quia confusio tua et mea." At ille: „Absit a te talia cogitare!" Que ait: „Immo, domine, sic de te fiet et de filio tuo, sicut quondam accidit cuidam regi et senescalco suo." At ille: „Rogo te ut michi dicas." Que ait: „Libenter dicam; sed timeo quod ammodo me non exaudias, quia die crastina septimus magister loquetur et eum a morte liberabit, sicut socii sui fecerunt. Die tercia filius tuus loquetur et tantam delectacionem in uerbis suis habebis, quod amor tuus erga me recedet." Qui ait: „Hoc credere non possum, quousque probauero quod vmquam amor tuus a me recedat." At illa: „O domine, si tibi placeret, vnum exemplum optimum narrarem, per quod a multis periculis posses cauere in futurum, precipue a filio tuo maledicto, qui te intendit destruere et a magistris eius." Ait imperator: „Immo te rogo ut illud exemplum audiam." At illa: „Libenter tibi dicam ad tuum profectum:"

Septima narracio imperatricis (*Bl.* 166*v.*).

[Inclusa.]

Erat quidam rex, qui miro modo vxorem suam dilexit, in tantum quod eam in castro fortissimo inclusit. Et claues castri rex ipse portauit. Domina vero per hoc multum desolata erat. In partibus longinquis erat quidam miles, generosus ac strennuus, qui quadam nocte sompnium[1] in hac forma vidit quod quandam reginam viderat speciosam, quam super omnia concupiuit; et si eam occulis naturalibus vidisset, noticiam eius clare habuisset. Regina vero eadem [nocte][1] tale sompnium de tali milite viderat, quem si vidisset, noticiam eius per omnia haberet. Modo statuit in corde suo vt eum videret, non causa amoris inordinati, sed ut sompnium[2] in effectu probaret.

---

[1] nocte *nur im Drucke.* [2] Hs. sopnium.

Miles iste, postquam sompnium viderat, votum deo fecerat, quod pes eius vna nocte non requiesceret nec cessaret, quousque illam reginam inueniret. Ascendit dextrarium, circuiuit castra et regna, quousque ad eandem ciuitatem venit, in qua regina in castro erat. In eadem ciuitate moram fecit. Uno die a casu prope castrum ambulauit, ignorans quod in eodem castro esset regina, de qua sompnium viderat. Regina vero, ut solita erat, in quadam fenestra castri sedebat, ut extra euntes videret. Miles vero occulos sursum leuabat et, cum eam vidisset, statim noticiam eius per sompnium habebat; incepit canticum amoris. Domina, cum cantum audisset, eum respexit; statim eum cognouit quod ille erat, de quo sompnium[1] viderat. Miles iste singulis diebus iuxta castrum ambulauit et circumquaque respexit, quomodo ad dominam peruenire posset et cum ea loqui. Domina vero, perpendens per signa quod cum ea loqui vellet, litteram scripsit et ad eum inferius proiecit. Miles vero, cum litteram apperuisset, voluntatem domine intellexit et gauisus est. Incepit torneamenta et hastiludia exercere, in tantum quod fama eius ad regem peruenit. Rex vero eum vocauit et ait: „Karissime, multa (*Bl.* 167 *r.*) bona de te audiui; si placet, mecum exspectabis!" At ille: „Domine, michi bene placet, si vnum a nobis possem optinere, videlicet, si concederetis michi domum iuxta murum castri edificare; et tunc proficuum esset, et apud vos manerem." At ille: „Tibi concedo." Ille vero statim cementarios conduxit; domum edificari fecerat, ita quod vna pars domus supra murum castri erat. Hoc facto cum vno ex cementariis loquebatur ut murum castri perforaret subtiliter, per quod posset intrare et reginam visitare. Cementarius vero foramen satis priuatum fecerat. Hoc facto miles eum occidit, ne per eum esset proditus. Deinde ad reginam intrauit et eam satis graciose salutauit. Regina ammirabatur, cum eum vidisset, et ait: „Quomodo huc intrasti, et maxime cum sola sim?" At ille: „Nimius amor fecit me intrare per quoddam foramen, quod in castro feci fieri. Et ideo tecum dormiam, quia tu es illa, de qua sompnium videram." At illa: „Absit a me ut sub rege, domino meo, tale peccatum committam!" Et ille: „Si michi voluntarie non consensseris, gladio meo te percuciam." Illa vero mortem timens cum eo

---

[1] *Hs.* sopnium.

dormiuit. Hoc facto recessit. Regina intra se cogitabat: "Si regi hoc denunciauero, .III. mala poterunt contingere, sc. me ipsam scandelizare, dominum meum grauiter offendere et militem confundere, quia mortem non euaderet. Ab hac stulticia quiescam!" Miles vero, quociens ei placuit, per illud foramen intrauit et uoluntatem suam cum regina fecit. Illa vero quendam annulum preciosum ei dedit, quem rex in signum amoris ei tradidit. Miles iste in omni bello ac torneamento victoriam optinuit, vnde multum a rege fuit dilectus, in tantum quod senescalcum tocius imperii eum constituit. Accidit quodam die quod rex ad uenandum pergere nolebat; misit ad senescalcum, vt die crastina paratus esset, secum ad uenandum pergere. Ille vero statim gaudens concessit. Cum vero per totum diem luderent, ad quandam aquam venerunt et ibi sedebant. Miles vero iuxta regem incepit dormire habens manum extensam, in qua erat anulus in digito, quem regina ei dedit. Rex, cum anulum vidisset, statim noticiam eius habebat et ait in corde suo: "Iste est anulus meus, quem in signum amoris regine concessi." Miles expergefactus a sompno, cum intellexit quod rex anulum vidisset, finxit se infirmum esse et ait: "Domine mi rex, passio quedam me apprehendit; oportet ut domum pergam." Qui ait: "Michi placet." Percussit equum cum calcaribus et cito domum venerat; castrum per aditum occultum intrauit et dixit regine: (*Bl.* 167*v.*) "Accipe anulum, quem michi tradidisti; a casu dominus meus rex in digito meo [eum][1] vidit. Non est michi dubium quin anulum in aduentu suo a te querat, et ideo precessi, ut verecundiam non haberes." Iliis dictis descendit. Et cito post hoc rex intrauit et ait regine: "Dic michi, domina, vbi est annlus, quem tibi in signum amoris dedi? Ostende michi illum!" Que ait: "Domine, ad quid modo videre cupitis?" At ille: "Nisi videro, in continenti morieris." Illa vero cophynum apperuit et ei anulum ostendit. Rex, cum anulum vidisset, ait: "O quam similis est anulus iste anulo militis, quem in digito eius vidi! Credebam quod iste esset annlus; vnde commotus fui contra te. De mala suspicione mea reddo me culpabilem." Fortitudo turris decepit eum; non credebat quod aliquis homo sine eo intrare posset. Ait regina: "Domine, mirum non est quod vnus anulus alteri assi-

---

[1] eum *nur im Drucke.*

miletur, sicut anulus tuus anulo militis. Sed sicut malam suspicionem de me habuisti, deus parcat tibi!" Miles vero post hoc cito quoddam conuiuium solempne preparari fecit dixitque regi: „Domine mi rex, amasia mea de terra mea uenit et ideo conuiuium feci. Si vobis placet, rogo ut mecum commedatis et cum amasia mea, et hoc erit meus [honor]." Ait rex: „Libenter illum honorem et multo maiorem tibi faciam." Miles vero gauisus est. Per foramen castri intrauit et ait regine: „Indue te vestimentis tuis preciosis, quia hodie in mensa mea commedes cum rege!" At illa: „Fiat uoluntas tua!" Cum hora prandendi esset, rex domum militis intrauit, regina descendit. Cum rex eam vidisset, ait militi: „Que est ista tam speciosa, generosa?" Ait miles: „Domine, amasia mea." Collocauit eam in mensa iuxta regem. Rex vero hinc inde cor eius mouebat et tacite dicebat: „O quam similis est mulier ista regine, vxori mee!" Fortitudo turris decepit eum, ita quod magis credidit verbis militis, quam quod propriis occulis vidit. Regina vero incepit loqui regi et dixit: „Domine mi rex, hylariter debetis commedere ea, que deus dederit uobis!" Rex, cum audisset vocem eius, intra se dixit: „O sancta Maria, mulier ista in gestu, in loquendo, in facie, in omnibus aliis similis est vxori mee!" Semper fortitudo turris decepit eum. In fine prandii miles rogauit reginam, ut regi cantaret. Illa vero incepit cantare. Rex vero, cum audisset uocem eius, ait intra se: „Quid est hoc? Credo quod vxor mea sit ista. Verumtamen non credo, quia claues castri porto." Fortitudo turris decepit eum, et non audebat asserere quod vxor sua esset, vel non esset; sed rogauit militem ut mensam cito leuaret, ut castrum intrare posset, cogitans in (*Bl.* 168r.) corde suo: „Videbo castrum, si regina ibi fuerit." Ait miles: „Domine, tedium non habeatis!" Qui ait: „Habeo in castro negociari; ideo oportet me ibidem accedere." Regina dixit: „Domine, si placet, debetis nobiscum consolari, quia regina est in solacio suo, et ideo, si placet, remaneatis!" Ait rex militi: „Mensam depone, quia amplius manere non potero!" Miles vero preceptum eius adimpleuit. Deposita mensa rex eis vale fecit et ad castrum perrexit. Interim, cum esset in eundo, miles reginam per aditum fecit ascendere et regem[1] preuenire, quia

---

[1] *Hs.* reginam.

brevior via erat. Vestimenta deposuit et alia induit. Rex, cum castrum intrasset et reginam vidisset, amplexatus est eam et ait: „O regina karissima, iam peccaui in te vice secunda." At illa: „Domine, dic michi quomodo!" Qui ait: „Hodie pransus eram cum milite meo et amasia sua. Ab illo tempore, quo fui natus, nunquam vidi mulierem nec aliquam creaturam tam similem tibi in gestu, in uoce, in loquela, in tantum quod de domo militis festinaui, ut viderem te." At illa: „Domine, grauiter in me peccasti. Nescis quod castrum istud est tam forte, quod nullus poterit exire, nisi per hostium? Racio dictat quod vnus homo assimiletur [alteri], sicut altera die vidistis, quomodo anulus militis anulo nostro assimilabatur." Ait rex: „Verum est; ideo peccaui." Miles vero cito post hoc venit ad regem et ait: „Domine mi rex, a multo tempore seruiui vobis; tempus est vt ad patriam meam reuertar. Propter omne seruicium, quod vobis perpetraui, vnum michi concedite!" Ait rex: „Dic, quid est illud?" Qui ait: „Amasiam meam, quam vidistis, in facie ecclesie desponsare volo. Rogo ut illam honorem coram populo [michi][1] faceretis, vt eam propriis manibus vestris michi daretis. Hoc esset michi gloria et honor." Ait imperator[2]: „Certe, karissime, libenter peticionem tuam adimplebo." Miles diem desponsacionis constituit; rex ad ecclesiam perrexit; sacerdos stabat indutus, vt militem cum amasia adinuicem in forma ecclesie copularet. Miles vero per aditum reginam fecit descendere; duo alii milites eam ad ecclesiam duxerunt credentes esse amasiam militis. Cum vero ad hostium ecclesie venissent, ait sacerdos: „Quis istam mulierem dabit militi isto?" Ait rex: „Ego dabo militi meo eam." Et accepit eam per manum et ait: „Karissima, tu multum assimilaris regine, et ideo plus te diligo; secundo, quia de dono meo vxor mei militis eris." Hiis dictis dedit manum eius in manum militis, sacerdos vero eos secundum formam ecclesie copulauit. Ipsis copulatis dixit miles regi: „Domine mi rex, nauis est parata, in qua versus partes meas volo ascendere. Vos rogo quod velitis mecum ad nauem venire (*Bl.* 168*v*.) et ibi coram omnibus vxorem meam informare, quomodo me pre ceteris teneatur diligere." Ait rex: „Libenter hoc attemptabo." Perrexit cum ea ad

---

[1] michi *nur im Drucke.* [2] *Hs. am Rande* rex.

nauem et multitudo populi sequebatur, quia miles erat multum dilectus, et de recessu suo multum dolebant. Cum vero ibi venissent, ait rex regine: „Karissima domina, audi consilium meum et bene tibi erit! Hic est maritus .tuus, quem super omnia teneris diligere; et hoc vult deus: sis ei in omnibus obediens!" Hiis dictis tradidit eam militi dicens: „Eatis ambo cum benediccione mea, et deus vos saluos conducat!" Miles cum regina capita ei inclinabant, nauem intrabant; magister nauis velum leuabat habensque secum ventum validum nauigabat. Rex diu ibi stetit, quamdiu nauem videre poterat; deinde ad castrum rediit. Et cum reginam non invenit, commota sunt omnia viscera eius et totum castrum interius circuiuit et in fine foramen invenit, quod miles fecerat, per quod domina exiuit. Rex, cum hoc vidisset, fleuit amare et ait: „Heu michi! miles, in quem tantum confidebam, vxorem meam abstulit. Nonne demens eram, ex quo magis credidi verbis militis, quam quod occulis propriis vidi?"

Tunc ait imperatrix: „Domine, intellexisti que dixi?" At ille: „Eciam, peroptime." Que ait: Ecce, quomodo in militem confidebat! Et tamen vxorem suam decepit et abstulit. Eodem modo et tu tantum in .VII. sapientibus confidis quod ad hoc laborabunt, ut me, que sum vxor tua, confundant; et tu plus credis dictis illorum, quam quod propriis occulis vidisti ac vides. Vidisti, quomodo me dilacerauit, quia certa signa vidisti. Iam tu vides, quomodo illum maledictum defendunt et fouent, cum tamen timendum sit tibi sicut illi regi, de quo dixi." Ait imperator: „Certe, magis credo occulis meis quam eis et ideo die crastina faciam eum suspendi in patibulo." Statim precepit satellitibus ut eum ducerent ad patibulum. Populus vero clamabat et dixit: „Heu, heu! vnicus filius imperatoris vadit ad mortem!" Et ecce vltimus magister, senex, sedens super dextrarium eis obuiabat. Puer, cum magistrum vidisset, ei caput inclinauit, ac si diceret: „Memento mei, cum veneris coram imperatore!" Magister vero satellitibus dicebat: „Karissimi, nolite tantum cum puero festinare! Spero per dei misericordiam hodie saluare vitam suam." At illi: „O bone magister, festina ad palacium et salua tuum discipulum! Nos vero exspectabimus." Magister vero dextrarium cum calcaribus percussit, venit ad palacium, descendit, aulam intrauit et flexis genibus imperatorem salutauit. Ait ei imperator: „Nunquam tibi bene sit!" Qui ait: "Domine, quid feci? Quare talia michi dicitis?" At ille: "Dedi tibi et sociis tuis filiam meum bene loquentem et modo non loquitur. Dedi (*Bl.* 169*r.*) eum vobis ad nutriendum, doctrinandum, et ipse vxorem meam opprimere volebat. Propter quod ipse hodie morietur et vos omnes post hoc perhybitis." Qui ait: "Domine, quantum ad puerum, quando dicitis quod puer vester non loquitur, vobis in periculo vite mee denuncio quod die crastina ante horam terciam eum loquentem andietis." At ille: "Si hoc viderem, michi sufficeret amplius non vinere." Ait magister: "Non tantum eum loquentem audietis, sed veritatem dicentem de crimine imposito ei per vxorem vestram. Et tunc omnis disputacio et allegacio inter nos et reginam cessabit. Verumtamen non dubito, si eum necaueritis propter verbum vxoris vestre, de nobis posset contingere, sicut quondam militi contingebat[1], qui moriebatur propter parvum sanguinem digiti vxoris sue." Ait imperator: "Rogo te, bone magister, ut michi illud dicas." At ille: "Reuocate puerum et vobis dicam notabile exemplum!" Qui ait: "Libenter eum reuocabo et precipue, quia die crastina debeo eum audire loqui, ut asseris." Puer est reuocatus, non in carcere, sed in custodia positus. Magister autem narrare incepit in hac forma:

Septima narracio septimi magistri (*Bl.* 169*v.*).

[Vidua.]

Quidam miles erat, qui vxorem pulchram habebat, quam miro modo dilexit, in tantum quod presencia sua bono modo carere non potuit. Accidit semel quod ambo cum taxillis ludebant. Miles a casu cultellum parvum in manu tenebat; illa vero, sicut ludebat, manum cultello opposuit et sanguis in modica quantitate exiuit. Miles, cum sanguinem digiti vxoris (*Bl.* 170*r.*) vidisset, quasi in capite percussus ad terram cecidit. Vxor aquam super eum proiecit, ut reuiuisceret. Occulos apperuit et dixit: "Celeriter michi sacerdotem querite! Ecce morior propter sanguinem effusum de digito vxoris mee!" Famuli hoc videntes vnus post alium ad ecclesiam cucurrit

---
[1] *Hs.* contigebat.

pro sacerdote, vt secum corpus Christi portaret; sed ecce tantum dolorem accepit, quod, antequam sacerdos venit, emisit spiritum. De cuius morte factus est planctus magnus in ciuitate. Domina vero, vltra quam credi potest, gemitus et suspiria emittebat nec consolari volebat, sed cottidie clamabat: „Heu michi, heu! quit faciam ego? Ego sicut turtur de cetero ero!" Cum magna solempnitate eum sepelierunt. Ipso sepulto domina semper super sepulcrum eius cecidit. Amici volebant eam ammouere, illa vero votum deo nouit quod nunquam de illo recederet, sed propter amorem viri sui ibi spiritum emitteret. Dixeruntque amici: „O domina karissima, quid prodest anime sue ut in isto loco maneas? Melius est tibi domum pergere, largas elemosynas pro anima sua perpetrare, quam in loco isto te ipsam consumere!" At illa: „O pessimi cousiliarii! Absit quod de loco isto recedam, quia pro eius amore hic volo mori, qui pro meo amore mortuus est!" Amici eius videntes hoc vltra sepulcrum eius paruam casam ei fecerunt, in qua omnia necessaria posuerunt; illa sic inclusa recesserunt. Erat tunc temporis lex in regno illo quod, si latro esset captus, vicecomes patrie se armaret et per totam noctem ad custodiendum latronem in patibulo in propria persona custodiret. Si vero latro esset ablatus, vicecomes omnes terras suas perderet et vita sua in gracia regis esset. Accidit quod illo die, quo miles sepultus erat, quidam latro esset captus et in patibulo suspensus. Vicecomes vero personaliter se armauit et ad patibulum, quod erat iuxta cimiterium, equitauit. Dum vero ibidem esset, tantum geluerat, quod videbatur militi spiritum emittere, nisi posset se ad ignem calefacere. Respexit ad cimiterium vidensque lumen ignis in casa domine percussit equum cum calcaribus, ad cimiterium venit, percussit ad casam exterius. Domina, cum audisset, quesiuit: „Que sunt illa, que audio tali hora?" Ait miles: „Domina karissima, ego sum vicinus tuus, vicecomes, qui hic pulso. Tantum de frigore habeo, quod michi mori video, nisi ad ignem sedero." At illa: „Timeo valde, si intrare permitto te, quod aliqua michi inconueniencia intendas loqui." Qui ait: „Domina, firmiter promitto quod nichil loquar, quod tibi displicebit, quia noui et ab aliis audiui quod sancta mulier sis et propter nimium amorem viri tui intendis in loco isto mori." At illa: „Te intrare permittam." Et cum intrasset, se ad ignem calefaciebat. Postquam erat calefactus, ait ad dominam: „O karissima, tibi (*Bl.* 170*v.*) non displiceat ut dicam pauca verba!" Que ait: „Audiam et postea respondebo." Miles dixit: „Domina, tu pulcra, tu generosa, tu graciosa, iuuenis et diues es. Melius tibi esset in domo tua permanere, elemosynas largas pro anima mariti tui perpetrare, quam hic sola permanere et te ipsam per gemitus et suspiria consumere!" At illa: „O miles, si ista sciuissem quod talia protulisses, casam non intrusses. Tibi dico, sicut aliis sepius dixi: Bene tibi constat quod maritus meus tantum me dilexit, quod propter parvum sanguinem digiti mei mortuus est, et ego pro eius amore volo hic mori." Miles hec audiens vale ei fecit; ascendit dextrarium et equitauit ad patibulum. Et cum ibi venisset, latronem ablatum inuenit. Commota sunt omnia viscera eius et ait: „Heu michi, quid feci? Iam omnia mobilia et inmobilia perdidi et vita mea est in gracia imperatoris[1]." Intra se cogitauit: „Quid faciam vel vbi consilium queram de tanto dampno? Hic in cimiterio manet sancta domina, de qua iam veni, que pro amore viri sui morietur. Uadam ad eam et consilium queram." Percussit equum cum calcaribus, venit ad casam domine, percussit ad ianuam. Domina, cum audisset, causam pulsacionis quesiuit. At ille: „Domina karissima, ego sum vicecomes, qui iam eram hic. Habeo vnum secretum tibi pandere, et ideo dei amore permittas me intrare!" Domina vero hostium apperuit. Qui, cum intrasset, ait: „O domina, nunc quero tua consilia. Lex in regno est talis quod, si latro captus fuerit et in patibulo suspensus, vicecomes tenetur eum personaliter custodire nocte vna. Si vero ablatus fuerit, vicecomes totam terram suam ammittet et vita sua est in gracia regis. Iam eram tecum ad me calefaciendum et, cum moram tecum traxissem, latro de patibulo est ablatus. Et ideo dei amore consilium a te peto, quia iam egenus factus sum ego." Ait domina: „Tibi compacior, quia omnia bona per legem amisisti et vita tua iacet in gracia regis. Verumtamen fac post meum consilium et nichil de bonis perdes nec de vita timebis." At ille: „Immo, domina, omnino consilium tuum perpetrabo et ideo ad te veni, ut tuum auxilium habeam, quomodo saluari potero de tanto dampno ac periculo." Que

---

[1] *Hs. am Rande* regis.

ait: „Numquid placet tibi[1] me in vxorem habere?" Ait miles: „O domina karissima, michi placet per omnia. Est maxima humilitas in te, quod velis tam basse descendere et tam pauperem militem in maritum accipere." At illa: „Immo consencio in te; nullum alium accipiam." Et ille: „Nec ego [aliam][2], quamdiu tu in mundo viuis." Que ait: „Dominus meus, qui moriebatur pro amore meo, hesterna die, sicut tibi constat, erat sepultus. (*Bl.* 171*r.*) Illum de sepulcro extrahe et in loco latronis suspende!" Ait miles: „Fiat voluntas tua!" Sepulcrum apperuerunt et militem [ex]traxerunt[3]. Ait miles: „O domina, multum timeo. Latro, qui erat captus, duos dentes in superiori parte amisit, quia vnus in capcione sua lapide eum percussit. Si iste vero in patibulo fuerit suspensus et cum dentibus fuerit inuentus, dicetur quod ille [non] sit." At illa: „Accipe lapidem et eum in dentibus percute!" Ait miles: „Bona domina, parce michi! Dum erat viuus, socius meus erat et ideo dedecus militi viuo esset quod talem despectum mortuo perpetraret." At illa: „Et ego pro amore tuo faciam!" Lapidem accepit et eum in dentibus percussit, quousque omnes dentes superiores amisit. Hoc facto ait: „Iam eum in patibulo suspende!" Qui ait: „Adhuc timeo eum suspendere, quia latro, qui erat captus, vulnus in capite habebat et duas aures amisit. Si iste vero inuentus fuerit sine vulnere et cum auribus, dicetur quod ille non sit et sic confusio sequetur." At illa: „Extrahe gladium et fortiter eum in capite percute et aures eius abscide!" Qui respondit: „O bona domina, eum in vita sua multum dilexi. Absit ut miles viuus eum mortuum vulneraret!" Que ait: „Trade michi gladium, et ego faciam pro tuo amore!" Accepit gladium, eum in capite percussit et plagam magnam fecit; deinde aures eius abscidit. Hoc facto ait: „Iam audacter eum in patibulo suspende!" Qui ait: „O bona domina, adhuc timeo. Latro, qui erat captus, duobus testiculis carebat. Si vero iste cum testiculis inuentus fuerit in patibulo, dicetur quod ille non sit et sequetur confusio." At illa: „Tam timidum hominem nunquam vidi; tamen bonum est te esse securum. Succide testiculos eius cito, ut suspendatur!" At ille: „O bona domina, parcas michi! Tibi constat quod parum valet homo sine testiculis. Si ergo eum testiculis

---

[1] *Hs.* me tibi. [2] *Nur im Drucke.* [3] *Alle Hss.* traxerunt. *Aber der Druck wie oben.*

priuarem, esset michi dedecus." At illa: „Et ego faciam pro tuo amore!". Statim testiculos eius abscidit; hoc facto canibus ad commedendum proiecit et ait: „Iam rusticum deturpatum in patibulo suspende!" Qui ait: „Bonum est." Acceperunt corpus defuncti et in patibulo suspenderunt, et sic saluatus est miles. Tunc ait domina militi: „O karissime, iam liberatus es ab omni tribulacione. In facie ecclesie bonum est me desponsare." Miles respondit: „Votum deo feci quod te viuente aliam vxorem non ducerem. O misera et super omnes mulieres miserrima! Quis vmquam te in vxorem duceret? Miles, maritus tuus, pro amore tuo, quando parvum sanguinem digiti (*Bl.* 171*v*.) tui vidit, pre dolore moriebatur; tu vero post hec eum deturpasti, quando dentes eius eruisti, aures et testiculos abscidisti, in capite vulnerasti. Quis dyabolus post hec te desponsaret? Sed ammodo talia non committes." Gladium extraxit et vno ictu caput eius amputavit.

Ait magister: „Domine, intellexistis que dixi?" Et ille: „Peroptime. Amen dico tibi, inter omnes mulieres, de quibus vnquam audiui, illa erat mulier pessima, et miles ei bene ministrauit, quod ammodo plures homines non confunderet." Ait magister: „Domine, non noscis maliciam mulierum; sed die crastina hora prima filium vestrum loquentem audietis et ab eo sapienciam audietis, que quidem sapiencia nos omnes excellit." Ait imperator: „O bone magister, si semel filium meum loquentem audirem, non curarem post hec deo spiritum reddere. Crastina die omnes satrapas conuocabo, ut eum audiant, quia, ut spero, veritatem altercacionis inter imperatricem et vos per eum inueniam." Magister vale ei fecit et domum perrexit.

(*Bl.* 172*r*.) Post[1] hec omnes .VII. magistri adinuicem conuenerunt et consilium habuerunt, in qua forma vel qua hora puer loqui inciperet. Super hoc die octauo puerum consuluerunt. At ille: „Tempus est ut iam loquar; hodie me et uos saluabo. Non oportet de hoc inter uos dubitari, quomodo vel in qua forma debeam verba proferre." Magistri vero induerunt eum purpura et bysso; duo magistri precedebant, et vnus a parte dextra, alius a parte sinistra, tres a parte

---

[1] *Davor in der Hs. eine Überschrift:* Sequitur qualiter filius ductus fuerit ad imperatorem.

posteriori et .XXIV. tube cum diuersis generibus musicorum ante eum cum omni melodya et honore. Imperator, cum audisset talem melodiam, a circumstantibus quesiuit, qualis melodya hoc esset. At illi: „Domine, filius vester est, qui hodie coram vobis et satrapis imperii loquetur." At ille: „Optimi rumores sunt." Puer vero cum palacium intrasset, primum verbum, quod loquebatur, erat: „Salue pater, domine mi reuerende!" Pater, cum tantum audisset, ad terram pre gaudio cecidit. Cum vero surrexisset, puer volebat verba proferre (*Bl.* 172*v.*); sed tantus tumultus populi erat, ut puerum loquentem audiret, quod exaudiri non poterat. Imperator, cum hoc vidisset, precepit seruis suis vt aurum et argentum in platea spargerent, ut populus colligeret et discederet, ut puer audienciam haberet. Populus vero tantum gaudebat ut puerum loquentem audiret, quod aurum dimiserunt et de loco nullus mouebatur. Imperator multum ex hoc turbatus fecit proclamari quod sub pena vite silencium tenerent, quousque puer peroraret. Statim omnes siluerunt. Facto silencio ait puer: „Domine mi reuerende, antequam aliqua dicam, uolo ut imperatrix coram omnibus veniat et secum omnes dominas et domicellas ducat." Imperator statim precepit ut imperatrix cum omnibus mulieribus camere sue ad locum illum veniret. Illa vero tremens et dolens venit. Puer vero fecit eam stare coram toto populo et omnes mulieres per ordinem, ut totus populus eas videret. Tunc ait puer: „Domine, leua occulos tuos et vide illam ancillam inter alias, que stat in viridi roba!" Qui ait: „Clare eam video. Est vna, quam pre ceteris[1] imperatrix diligit et sepius michi eam recommendauit." Ait filius: „Pater, precipe ut coram omnibus spolietur [vestimentis][2] et tunc apparebit sanctitas imperatricis et qualis puella in camera eius nutritur!" Imperator, cum hoc audisset, ammirabatur et ait: „Fili, verecundum esset mulierem coram omnibus denudare." At ille: „Fac quod dico! Aliter ego eam spoliabo." Statim precepit imperator ut spoliaretur. Cum vero spoliata fuisset, vir erat. Omnes eum videntes ammirati sunt. Ait filius: „Ecce, domine, rybaldus iste toto tempore eam in camera tua adulterauit. Mirum non erat quod eum dilexit, quia sepius cum eo dormiuit quam tecum." Imperator, cum hoc

---

[1] *Hs.* pre ceteris quam. [2] *Nur im Drucke.*

vidisset, quasi demens factus est. Statim precepit ut imperatrix comburereter cum rybaldo spoliato. Ait filius: „Noli statim contra eam sentenciam proferre, antequam crimen impositum per eam michi discucietur!" Ait imperator: „O fili, iudicium tibi do, eo quod maior sapiencia in te viget quam in aliis." Respondit filius: „Nec michi, nec tibi, sed legi iudicium dabitur. Eam probabo mentitam per confessionem propriam. Pater mi, cum pro me ad instigacionem eius misisti, magistri mei vna mecum clare in firmamento respexerunt, vbi viderunt quod, si aliquod verbum ab ore protulissem, morto turpissima condempnatus fuissem et ideo hec erat causa, quare silui. Cum vero per vxorem tuam michi impositum erat quod deberem eam vi opprimere, mentita est; sed me, in quantum potuit, ad peccatum solicitauit et, cum vidisset quod ei nullo modo consentire uolebam, propriis manibus faciem dilacerauit, vestes vsque ad vmbilicum (*Bl.* 173*r.*) fregit." Imperator, cum hoc audisset, torvo vultu eam respexit et ait: „O misera, non sufficiebat tibi quod per me cognita et ab illo rybaldo fuisti? Et filium meum cum hoc habere uolebas?" At illa ad terram cecidit ac misericordiam peciit. Qui ait: „O maledicta inter omnes mulieres, non tantum vna via mortem meruisti, sed triplici via: primo, quia adulterium sub me commisisti; secundo, quia filium meum ad fornicandum tecum solicitasti; tercio, quia falsum crimen ei imposuisti, et quarto me ad filium meum singulis diebus occidendum consuluisti." At illa: „Misericordiam peto." Qui ait: „Lex dicet et dictabit, qualis erit tua misericordia." Tunc dixit filius: „Domine, bene scis quod propter crimen michi impositum omni die ad patibulum eram ductus; sed deus me per magistros meos liberauit a morte usque ad hunc diem. Sed die isto me et ipsos pro perpetuo liberabo. In primo, pater, ponamus [1] quod uoluntas

---

[1] *Die folgende offenbar verderbte Stelle ist allen Hss. gemein; Nr. 7 hat sie in etwas veränderter Gestalt:* In primo, pater Pontiane, quod voluntas dei esset ut te viuente regnarem, sicut imperatrix michi imponebat quod ad hoc laboraui, si fecissem, ut regnarem, non propter hoc esset, quin ego propter amorem te me reputarem et tunc voluntatem in deliciis obtineres etc. *Im Drucke Nr. 7 lautet die Stelle:* In primo ponamus quod, si voluntas dei esset vt ego regnarem imperium te viuente, sicut imperatrix falso mihi imponebat, non tamen ad hoc laborarem, vt te supprimerem, sed semper maiorem te reputassem et

dei esset ut te viuente regnarem, sicut imperatrix michi imposuit, quod ad hoc laborauerim; si hoc fecissem, ut regnarem, non propter hoc, quin semper maiorem te me reputarem et tunc maiorem voluptatem in deliciis optineres, quia sine labore, vbi modo studes die ac nocte ad regendum imperium. Si vero hoc optinuissem te viuente ut regnarem, non minus voluntatem tuam haberes in omnibus, sicut ille miles, qui filium suum in mare proiecit, quem deus saluauit; et post hoc regnauit et patrem suum et matrem hoc non obstante secum, quamdiu vixerunt, in honore et gaudio tenuit." Ait imperator: „O fili karissime, benedicatur hora, in qua natus fuisti, quod te sapienter audio loqui! Sed racio dictat ut, sicut magistri per .VII. dies per exempla pulchra te a morte saluabant, quod hodie de ore tuo exemplum notabile habeamus, per quod refocillati simus." At ille: „Domine, fac fieri silencium, quousque finiero! Cum vero finem narracionis mee fecero, beneficium legis de me et de imperatrice fiat." Statim imperator iussit silencium fieri. Puer vero in ista forma incepit narrare:

Octava narracio filii imperatoris.

[Vaticinium.]

Quidam miles erat, qui tantum vnicum filium habebat, sicut iam tu me habes, quem multum in principio dilexit. Tradidit eum cuidam magistro in partibus longinquis ad nutriendum, doctrinandum. Puer vero etate ac sapiencia proficiebat coram deo et hominibus, et cum magistro .XII. annos moram fecerat. Pater vero desiderans filium suum videre pro eo (*Bl.* 173*v.*) litteras misit, ut visis litteris statim ad eum veniret, sicut iam pro me misisti. Puer vero volebat patri obedire; ad patrem tempore determinato venit. De aduentu pueri parentes gaudebant, eo quod formosus ac sapiens esset, in tantum quod in toto regno illo sapiencior eo non inueniebatur. Accidit quodam die, cum miles, pater eius, in mensa sedebat cum domina, puer eis ministrabat et ante mensam stabat. Intrauit quedam phylomena per fenestram et in pertica

---

adhuc voluntatem tuam in deliciis obtinuisses sine labore, quia tu me docuisses die ac nocte ad regendum imperium.

sedebat, que miro modo dulciter cantabat. Ait miles: "Tam dulcem cantum nunquam audiuit auris mea[1]. O, quam bene esset ei, qui cantum eius intelligeret ac interpretacionem exprimere posset!" Ait filius: "Ego peroptime scio; sed timeo quod, si veritatem tibi dicam, de me male contentus esses." Ait miles: "Dic michi cantus interpretacionem, et tunc potero videre, quare contra te commotus essem!" At ille: "Phylomena dicit in cantu suo quod ego ero tam nobilis et diues et omnes me honorabunt; et precipue pater meus aquam manibus suis tenebit michi ad lauandum et mater mea manutergium ad mundandum, si ego eos permisero." Ait pater: "Non vines illo die ut ego tibi ministrem de aqua vel de aliquo alio ministerio causa dignitatis tue, nec mater tua manutergium. Vnde phylomenam falsum cantasse probabo et te mentitum esse." Hiis dictis filium suum accepit et in mare proiecit et ait: "Ecce interpretator cantus auium!" Puer vero ante artem natandi didicit; natabat usque ad quandam rupem, in qua erat sine victu .X. diebus nauem exspectando. Decima vero die nauis iuxta rupem nauigabat. Puer vero ad nautas clamabat, vt dei amore de tali periculo eum liberarent. Naute, cum vidissent eum formosum, graciosum, eum in nauem recipiebant et ad partes longinquas duxerunt. Cum vero ad terram venissent, quidam dux ibi manebat. Naute vero puerum ei vendiderunt. Dux vero puerum dilexit, quia graciose se in omnibus habebat ac omnia negocia ei tradita sapienter ad finem duxit. Rex vero regni illius per totum regnum suum quoddam concilium generale fecerat proclamari, ut omnes nobiles ac satrape in eodem concilio parati essent. Dux vero, cum hoc audisset, sciens puerum esse sapientem secum ipsum ad concilium duxit. Cum vero omnes erant congregati, rex quescionem proposuit in hac forma: "Karissimi, scire debetis, quare vos vocauerim: siue comedo, siue bibo, siue aliquid aliud ago, semper, sine equitando, siue peditando, .III. corui nigri secuntur me cla-(*Bl.* 174*r.*)mando, eiulando in tam horribili uoce, quod pena extrema est michi audire ac aspectus eorum videre. Si quis vero michi sciret causam[2] clamoris coruorum intimare et quare me sic in omni loco secuntur, et eos de presencia mea ammonere, ut ammodo clamorem non

---

[1] *Hs.* me. [2] *Hs.* casam.

audirem nec eos viderem, vnicam filiam meam in vxorem
haberet et post meum decessum totum regnum meum optineret."
Hiis dictis non est inuentus vnus in concilio, qui sciret de hoc
respondere, quia coruos ammouere nesciebant et causam clamoris penitus ignorabant. Tunc ait puer ad ducem: „Si rex
teneret, quod dicit, ego quescioni sue satisfacerem." Ait dux:
„Numquid hoc secure regi potero dicere?" At ille: „Eciam,
domine, in periculo vite mee." Dux vero ad regem accessit
et ait: „Domine, scio vnum peritum, qui scit quescioni tue
per omnia satisfacere, si opere impleueris, quod verbo promisisti." At ille: „Per coronam regni mei, quod dixi, fideliter
adimplebo." Dux hec audiens puerum coram rege adduxit.
Rex, cum eum vidisset, ait: „O bone puer, scisne quescioni
mee satisfacere?" Et ille: „Eciam, peroptime. Questio est
talis, quare corui vos secuntur et tam horribiliter clamant.
Ad hoc respondeo: Accidit quodam tempore, quando coruus
masculus et[1] femella tercium coruum produxerunt ambo inter
se, tunc temporis erat fames grauissima, ita quod homines,
iumenta et aues pre fame perierunt. Tercius coruus i. e. pullus
tunc erat in nido. Femella sc. mater puerum dimisit et per
aera volabat nec amplius ad pullum accessit. Masculus hoc
videns pullum sustentabat cum magna penuria, quia per aera
uolabat et illud, quod pro se ipso acquisierat, pullo dedit. Et
sic eum sustentabat, quousque uolare poterat. Cum vero fames
transierat, mater sc. femella rediit et pullum in societate sua
habere volebat. Sed masculus contradicit et allegat quod eum
in necessitate dimisit, et ideo de eo non gaudebit. Mater vero
dolens ac tristis allegat quod in partu eius penuriam ac penam
sustinebat, et ideo debeat potius de sua societate gaudere
quam masculus. Propter hoc vos secuntur, ut rectum iudicium
detis, quis illorum pullum in societate sua debeat habere. Et
hec est causa clamoris. O rex, date rectum iudicium, quis de
pulli societate gaudebit, et amplius coruos non videbitis! Ait
rex: 'Ex quo mater pulli pullum in necessitate dereliquit,
racio dictat ut de solacio eius careat. Quando vero mater
pulli allegat quod penam in partu eius sustinebat, pena ista
in gaudium vertebatur sibi, quando vidit pullum in mundum
productum. Sed quia masculus est causa principalis genera-

---

[1] *Hs.* ex.

cionis in quocumque animali et (*Bl.* 174 *v.*) cum hoc eciam pullum in necessitate sustinebat in detrimentum corporis sui, do pro iudicio ut pullus in societate patris sc. masculi remaneat et non cum matre i. e. femella.' Corni, cum iudicium audissent, cum clamore valido uolabant nec amplius in toto regno visi sunt. Ait rex puero: „Quod est nomen tuum?" At ille: „Allexander vocor." Qui ait: „O fili, ammodo ac precipio ut nullum alium patrem nomines preter me, eo quod filiam meam desponsabis. Et vxor tua erit et post meum decessum [eris] rex Egypti loco meo." Puer Allexander cum rege exspectabat et ab omnibus erat dilectus. Hastiludia, torneamenta ac bella [exercebat] et in omnibus victoriam optinuit. Non est miles inuentus in regno nec extra, qui cum eo pugnare auderet; nec erat aliquid obscurum, quin per sapienciam suam verteret in lucem. Erat tunc quidam imperator, nomine Tytus, qui omnes reges mundi in generositate, curialitate excellebat. Vnde fama per totum mundum volabat quod, quicumque bonos mores, bonas virtutes desideraret addiscere, in curia imperatoris inuenire posset. Puer Allexander, cum hoc audisset, venit ad regem et ait: „Pater mi, totus mundus de imperatore loquitur quod sit tam generosus, virtuosus,~quod in curia sua est delectabile permanere. Ideo, domine, si placet, ad eum propono accedere et ei ministrare, ut maiorem sapienciam ac prudenciam possim acquirere." Ait rex: „Michi bene placet; sed uolo ut copiam auri et argenti tecum assumas, ut sit honor meus et commodum tuum. Verumtamen expedit, ut michi videtur, prius filiam meam in vxorem assumere." At ille: „Domine, parce michi, quonsque rediero, et tunc filiam tuam cum omni honore desponsabo." Qui ait: „Ex quo tibi placet hoc, consencio." Allexander vale regi fecerat; ad curiam imperatoris cum honesta commitiva accessit. Cum vero ibi venisset, ad ianuam palacii pulsauit. Ianitor vero eum intrare permisit. Flexis genibus imperatorem salutauit. Ille vero de solio suo surrexit et osculatus est eum et ait: „Fili mi, de qua terra es oriundus et quod est tuum negocium hic ad me?" At ille: „Domine, filius regis Egypti sum ego et heres eius; et huc veni ad ministrandum uobis, si placeret maiestati[1] vestre, quia totus mundus de vestra generositate

---

[1] *Hs.* magestate.

ac virtute loquitur." Ait imperator: "Fili, bene tibi sit! Uolo ut singulis diebus prandium meum omni tempore coram me prepares." At ille: "Domine, paratus sum vestram uoluntatem per omnia adimplere." Statim senescalcus cameram ei assignauit, et sic prudenter se habebat, quod ab omnibus erat dilectus. Post hec cito filius regis Israel, nomine Lodouicus, ad curiam imperatoris venerat causa ministerii, ut virtutes addisceret. (*Bl.* 175r.) Imperator vero honorifice eum recepit, de nomine ac de terra ac cognacione quesiuit. At ille: "Domine, filius regis Israel sum ego et Lodouicus vocor et vester seruus." At ille: "Constitui Allexandrum, ut cibaria mea coram me ponat ac dividat; uolo ut tu de cypho michi ministres." At ille: "Domine, deus uobis retribuat!" Statim senescalcus ei lectum in eadem camera cum Allexandro assignauit. Isti duo, sc. Allexander et Lodouicus, in tantum per omnia erant similes in vultu, in gestu, in loquendo, in omnibus, quod vix cum difficultate vnus ab alio poterat discerni. Isti duo multum se mutuo dilexerunt. Allexander erat strennuus, agilis; Lodouicus debilis ac ponderosus. In hoc tantum differebant. Imperator quandam filiam vnicam, nomine Florentiuam, habebat, que post eius decessum iure hereditario regnum occupare debebat. Quam miro modo pater dilexit, eo quod erat generosa, speciosa. Puella ista aulam per se habebat cum familia ei assignata. Singulis autem diebus imperatori[1] de quodam ferculo speciali ministrabatur in signum quod omnes reges, principes excellebat in diuiciis et dignitate. Cum vero de illo ferculo satis sumpsisset, per manus Allexandri ad filiam suam mittere solebat. Vnde Allexander a puella multum erat dilectus, quia totus generosus et prudens fuit. Accidit quodam die quod Allexander in aliquibus negociis arduis subito tempore prandendi erat occupatus. Nullus locum suum coram imperatore tenebat, ut cibaria prepararet. Hec videns Lodouicus flexis genibus loco eius ministrauit. Cum vero Cesar de vltimo ferculo erat ministratus ac saturatus, dixit Lodouico, quem credebat esse Allexandrum: "Fili, ex parte mea istud presentes filie mee!" sicut singulis diebus dicere solebat. Lodouicus antea puellam nunquam[2] viderat; aulam eius intrauit et flexis genibus eam salutauit. Puella, cum eum vidisset, statim de-

---

[1] *Hs.* imperator, *am Rande* imperatrici.   [2] *Hs.* nuquam.

prehendit quod Allexander non erat, et ait: „Fili karissime, quod est nomen tuum, et cuius filius es?" At ille: „Domina karissima, Lodouicus vocor, filius regis Israel, seruus imperatoris." At illa: „Bene tibi sit! Vade in pace, patrem meum saluta!" Lodouicus ei caput inclinauit, foras exiuit. Ipso absente nullus erat, qui imperatori de cipho ministrauit. Hoc videns Allexander defectum socii sui impleuit, sicut et ille ei fecerat. Finito prandio intrauit Lodouicus lectum, quia grauiter infirmabatur. Allexander hoc audiens intrauit ad eum et ait: „O kare Lodouice, quid tibi est?" At ille: „Grauiter infirmor, in tantum quod credo mortem non euadere." At ille: „Et que est causa tue infirmitatis?" Qui ait: „Penitus ignoro." Respondit Allexander: „Causam huius rei perfecte scio. Hodie loco meo scutellam domini nostri (*Bl.* 175*v*.) imperatoris filie eius ex parte sua presentasti; faciem eius nimis respexisti; pulcritudinem considerasti, in tantum quod amore eius cor tuum vulnerasti. Et hec causa doloris tui." At ille: „O Allexander, omnes medici tocius orbis non melius iudicassent. Immo, non est causa infirmitatis tantum, sed causa mortis." At ille: „Esto confortatus! Te iuuabo, ut illa de causa non moriaris." Cameram exiuit, ciuitatem intrauit et pro expensis propriis manutergium sericum, lapidibus preciosis plenum, emit nesciente Lodouico et ex parte eius puelle presentauit. Puella uero, cum hoc vidisset, ait: „O Allexander, ubi tam preciosum xennium Lodouicus potuit habere, et quare michi xenniauit, ex quo nunquam nisi semel me vidit?" At ille: „Domina, filius regis Israel est, qui in omnibus habundat. Sed quando queris, quare tibi tale xennium per me miserit, scire debes quod propter tuum amorem iam infirmatur vsque ad mortem, et si moritur, tibi est periculum. Ideo consulo, quod per te sit consolatus." At illa: „O Allexander, velles tu consulere ut virginitatem meam tali forma perderem? Absit a me ad hoc consentire! Et de tali negocio lucrum non portabis. Recede a me, pabulum mortis, quia iam ab alio amatore preuenta sum!" Allexander, cum hoc audisset, caput ei inclinauit, foras exiuit. Die vero crastina ciuitatem intrauit Lodouico ignorante et pro expensis propriis xennium duplicauit quantum ad lapides preciosos ac gemmas. Cameram puelle intrauit et ex parte Lodouici xennium ei presentauit. Puella, cum tam preciosa vidisset, magis est ei inclinata et ait: „Miror de te, quod tam sepe me vidisti et negocium proprium nunquam michi protulisti." At ille: „O domina, casus non accidit michi sicut sibi, et qui socium habet, tenetur eum diligere sicut se ipsum. Et ideo propter deum in defectu tuo non moriatur iuuenis." Puella respondit: „Perge viam tuam! De hac materia ad presens non tibi respondebo." Ille hoc audiens foras exiuit, ciuitatem intrauit et xennium triplicauit et tercia die ex parte socii sui puelle presentauit. Puella vero, cum vidisset xennium tam preciosum, ait: „Ex quo ita est, dic Lodouico ut, quando ei placeat, veniat, quia hostium apertum habebit." Allexander, cum hoc audisset, gauisus est valde; perrexit ad socium suum et ait: Karissime, esto confortatus, quia amorem puelle tibi acquisiui! Quocumque tempore illuc pergere nolueris, paratam inuenies." Ille vero hoc audiens quasi de graui sompno excitatus totaliter sanus effectus est. Nocte sequenti ad cameram eius perrexit et cum puella dormiuit. Hoc facto conglutinata est anima (*Bl.* 176*r.*) eius cum eo et nimius amor erat inter eos. Lodouicus eam frequentauit, in tantum quod deuentilatum est ad milites curie quod puella per Lodouicum erat corrupta. Milites iuter se composuerunt, ut armati de nocte accederent et in uia Lodouicum occiderent. Hec audiens Allexander armauit se cum suis et ex alia parte stetit paratus pro socio suo mori. Aduersarii[1] videntes Allexandrum armatum cum suis timuerunt et Lodouicum sine molestia intrare et exire permiserunt. Allexander iste in omnibus pro socio suo se posuit. Et Lodouico parum constabat, sed puelle. Post hec vero littere venerunt de morte regis Egypti ad eum, ut cito ueniret et regnum possideret. Statim puelle et socio suo de recessu ipsius nunciauit. Ultra quam credi potest contristati sunt. Dixit quoque domino suo: „Domine mi reuerende, littere ad me venerunt de morte patris mei, vnde oportet me ad regnum meum accedere. Verumtamen, antequam vos offenderem, totum regnum ammitterem." At ille: „O fili, michi multum de recessu tuo displicet, eo quod ante te nullum habeam, qui se tam prudenter erga me et meos habeat. Nolo tamen promocionem tuam non impedire; sed vade cum benediccione, et si indiges thesauro, dabo tibi pro libitu tuo." At ille: „Dominus uobis retribuat!" Vale imperatori et ceteris fecit; multi de eius recessu fleuerunt, eo quod ab omnibus multum erat dilectus. Lodouicus

---

[1] *Hs.* aduersari.

cum puella perrexit in commitatu suo per .VII. miliaria. Cum vero Lodouicus licenciam ab eo capere nolebat, nec vero Allexander permisit ut longius secum irent, ambo ad terram ceciderunt et amare flebant. Ait puella Lodouico: „O karissime, super omnia deberes flere, ex quo Allexander a nobis vadit; nisi ille fuisset, nunquam amorem meum habuisses. Ille vero in propriis expensis lapides preciosos te ignorante et tua vice emit et ex parte tua michi presentauit. Ille sepius armatus stetit contra aduersarios tuos et mori fuit paratus pro te. Et ideo causam fletus inuenisti, ex quo ipse a nobis tollitur." Hiis dictis secunda vice ad terram ceciderunt et amare fleuerunt. Allexander eos de terra leuauit et ait: „Karissimi, non debetis tantum dolere de recessu meo. Vado coronari et regnum meum optinere. Pacem et amorem inter nos habeatis! Ad deum uos recommendo. Sed vnum tibi, Lodouice, denuncio: iam sunt plus quam .IV. anni quod filius regis Hyspanie, nomine Gydo, laborabat pro ministerio habendo cum imperatore. Rumores ad eum venient de recessu meo; qui statim veniet et seruicium ab imperatore optinebit. Te clausum ac priuatum circa istam puellam habeas, quia, si aliquid audierit (Bl. 176 v.) quod istam corrupisti, te accusabit et morte turpissima condempnatus eris." At ille: „O Allexander, dimidium anime mee, michi per omnia cauebo; sed vnum in recessu tuo rogo ut michi concedas." At ille: „Dic, quit tibi placet!" At ille: „Hic habeo anulum vnum preciosum, quem michi mater mea dedit. Illum tibi do, ut vtaris in digito tuo et quociens super illum respexeris, memoriam mei habeas!" At ille: „Libenter anulum recipiam; sed sine annulo de te cogitarem, sicut hactenus feci. Ad deum vos recommendo." Tunc ceciderunt super collum eius et amplexati atque osculati sunt eum. Ille vero ad regnum Egypti perrexit; illi vero ad imperium. Post hec cito audiens Gydo, filius regis Hyspanie, quod Allexander recesserat, personaliter ad imperatorem venerat et seruicium satis humiliter peciit. Ait ei imperator: „Karissime, bene ueneris; hic ante te erat Allexander, qui iam est rex Egypti, qui michi satis prudenter ministrauit, cibaria mea preparauit. Locum suum tibi concedo." At ille: „Domine, nobis regracior." Senescalcus statim ei locum Allexandri assignauit, ut cum Lodouico in eadem camera iaceret. Lodouicus hoc audiens, in quantum potuit, resistebat; sed nichil ei ualuit, quia oportebat ut senescalco obediret. Gydo vero murmuracionem Lodouici percipiebat et contra eum statim inuidiam concepit. Lodouicus vero a multo tempore propter timorem Gydonis a societate puelle abstinuit; tamen in fine, sicut prius, cameram frequentauit. Gydo, cum hoc audisset, gauisus est valde; explorabat rei veritatem, sic quod deuenit ad certam probacionem quod puella per Lodouicum erat corrupta et hoc per iustigacionem et auxilium Allexandri, regis Egypti, qui recesserat. Accidit vno die quod imperator in aula stetit et bonitatem atque conuersacionem Allexandri multum commendabat. Hoc audiens Gydo ait: „Domine, non debetis eum tantum commendare, quia proditor erat!" Respondit imperator: „Dic michi, quomodo!" At ille: „Tantum vnicam filiam habetis, que erit heres. Illam Lodouicus per suggestionem Allexandri a multis diebus corrupit et eius cameram frequentat, quando ei placet." Imperator cum hoc audisset, commota sunt omnia viscera eius. Illo tempore Lodouicus per aulam transiuit. Imperator, cum eum vidisset, uocauit eum ad se et ait: „Quid est quod audio de te? Si vera sunt, morte turpissima eris condempnatus." Qui respondit: „Domine, que sunt illa?" Ait Gydo: „Ego coram domino contra te depono quod filiam suam vnicam a multo tempore deflorasti et adhuc eam in adulterio tenes. In signum veritatis paratus sum tali die tecum pugnare et super corpus tuum probare." At ille: „Et ego manucapio illo die me defendere et tuam (*Bl.* 177 *r.*) falsitatem in caput tuum redundare." Imperator vero diem pugnandi inter eos assignauit. Hoc facto Lodouicus ad puellam accessit et ait: „O bona puella, filius mortis sum ego. Sicut rex Allexander michi predixit, iam est verificatum, quia Gydo me apud imperatorem accusauit quod te a multo tempore deflorani. Vnde pater tuus contra me, ultra quam credi potest, commotus est. Gydo in signum veritatis ac probacionis certo die pugnare mecum vult, quod bellum negare non potero, quia ad hoc iam obligatus sum ego. Et sicut constat tue prudencie et notum est omnibus[1] forcior eo in armis non poterit inueniri excepto rege Allexandro. Ego vero debilis et ideo mortuus." At illa: „Ex quo aliud non potest fieri, fac post meum consilium[2]! Et post factum non penitebit, quia ut desperatus es de te ipso. Celeriter ad dominum meum imperatorem accede et ei dic quod

---

[1] *Hs. dahinter noch* quod.   [2] *Hs.* concilium.

littere venerint de patre tuo quod iaceat in ianuis mortis et requirat, antequam moriatur, tuam presenciam. Preces patri meo infunde ut licenciam tibi concedat ad eum accedere et diem belli longius inter uos assignet, ut possis ire et redire ad diem belli assignatam. Pater meus tibi statim concedet. Cum vero licenciam eundi habueris, cum omni agilitate ad regem Allexandrum pergas et roga eum propter deum et nostrum amorem ut in hac extrema necessitate tibi subueniat ut personaliter loco tui huc veniat et pro te pugnet! Vos vero duo estis tam similes per omnia, quod nullus ex imperio noticiam eius habebit, nisi ego sola. Et si istud feceris, mortem euadere potes et honorem tuum ac meum perpetuo optinere." At ille: „Illud est sanum consilium. Sed dubito ne rex Allexander regnum suum dimittat et loco meo veniat." At illa: „Nunquam tibi defecit et modo precipue credo quod tibi non deficiat, quia in puncto mortis es positus." Ille vero statim accessit ad imperatorem et flexis genibus eum rogauit ut ad patrem suum posset accedere et eum visitare et cito redire, quia littere pro eo venissent. At ille: „Tibi concedo, si ad diem belli rediceris." Qui ait: „Domine, si placeat maiestati[1] vestre, prolongate diem belli, ut ad bellum potero accedere!" At ille: „Quot sunt diete ad patrem tuum, ergo tot diebus erit bellum prolongatum. Sed videas, nisi veneris, vbicumque inuentus fueris, caput tuum habebo." At ille: „Domine, sine dubio die assignata paratus ero." Hiis dictis vale fecit imperatori, super dextrarium agilem ascendit et viam versus regnum Egypti accepit. Die nec nocte cessabat, quousque ad castrum regis (*Bl.* 177 *v.*) Allexandri venit. Rex, cum audisset de aduentu eius, gauisus est valde et osculatus est eum. At ille: „O domine, vita mea et mors est in manibus tuis. Sicut michi predixisti de filio regis Hyspanie, iam inpletum est; nam me aput imperatorem accusauit de corrupcione filie sue. Super hoc in signum probacionis certo die debeo secum pungnare et sicut tibi constat, ipse est strennuus, ego vero debilis. Florentina, cum hoc audisset, michi consuluit[2] ut ad te venirem ad succurrendum michi, sicut sepius fecisti, quia, nisi per te adiutorium inuenero, filius mortis sum ego." At ille: „Nunquid alicui constat de aduentu tuo ad me nisi Florentine?" Qui ait: „Nulli. Licenciam ab imperatore quesiui,

---

[1] *Hs.* magestati.   [2] *Hs.* consiluit.

ut patrem meum grauiter infirmantem visitarem. Et sic ad te veni, quia, ut dicit Florentina et hoc uobis constat[1], tam similes sumus per omnia, quod nullus noticiam tui habebit nisi Florentina." Hiis dictis cecidit ad pedes eius et fleuit amare. Rex vero eum de terra leuauit et ait: "Dic michi, karissime, qua die est inter uos bellum assignatum?" At ille: "Domine, tali die." Rex dietas numerauit et ait: "Amen dico tibi, si ultra noctem istam vsque ad horam primam die crastina exspectauero, ad diem belli nullo modo peruenire potero. Sed ecce, Lodouice karissime, qualis casus iam michi accidit; die vero crastina filiam istius regis desponsare debeo, per quam rex sum ego; et omnes nobiliores mecum erunt die crastina in conuiuio. Si cum matrimonio perpetrando exspectauero, tu es perditus pro perpetuo; sed prius regnum et vxorem derelinquam, antequam tibi deficiam. Fac quod tibi dixero: statim pro te ad diem belli accedere uolo; tu vero locum meum tamquam rex tenebis, quia sumus ita similes, quod nullus noticiam tui habebit, nisi quod sis persona mea, rex Allexander. In facie ecclesie vxorem meam desponsabis et conuiuium tamquam rex tenebis. Cum vero ad lectum veneris, michi sis fidelis!" Hiis dictis dextrarium ascendit et versus imperatorem loco Lodouici perrexit. Lodouicus vero die crastina tamquam rex Allexander apparuit; nullus noticiam eius habebat; vxorem regis desponsauit et magnum conuiuium tenuit. Cum vero nox adesset, Lodouicus lectum intrauit; regina iuxta eum collocata est. Ipse gladium extraxit et inter se et reginam posuit, ita quod caro eius carnem regine non tetigit. Illa vero ammirabatur, sed nichil loquebatur. Sic ambo adinuicem (Bl. 178r.) iacuerunt, quamdiu rex Allexander absens erat. Rex Allexander, cum ad imperatorem venisset in forma Lodouici, ait: "Domine mi, patrem meum satis debilem dimisi; sed ad tenendum fidem meam ad bellum veni." At ille: "Fideliter fecisti; ad honorem tuum perpetrasti." Puella, cum audisset de aduentu ipsius, gauisa est valde; priuate pro eo misit; quem cum vidisset, osculatus est eum et ait: "Benedicatur hora, qua natus fuisti! Dic, vbi Lodouicum dimisisti?" Ille vero totum processum ei retulit, quomodo eum regem in regno suo dimisit. Vale puelle fecerat. Ad cameram Lodouici perrexit, vnde non est vnus in tota curia, quin sine aliqua

---

[1] Hs. davor noch quod.

suspicione credebat esse Lodouicum, excepta Florentina. Die vero crastina, antequam ad bellum procederent, ait Allexander imperatori in presencia Gydonis: „Domine, Gydo iste me falso modo accusauit, et hoc affirmo per istum librum quod nunquam filia tua per me erat deflorata ac violata. Et hoc hodie super corpus suum probabo." Ait Gydo: „Et ego per librum affirmo quod per te est corrupta ac deflorata. In signum huius hodie super te fiet probacio vera." Hiis dictis ambo equos ascenderunt, dyros ictus adinuicem dederunt et diu vsque ad horam vespertinam pungnauerunt. In fine vero rex Allexander caput Gydonis amputauit et illud puelle presentauit, que non modicum gaudens patri suo illud optulit dicens: „Ecce pater caput illius, qui me falso modo diffamauit!" Imperator vero, cum de victoria vidisset, uocauit ad se Allexaudrum, quem credebat esse Lodouicum, et ait: „O karissime Lodovice, te ipsum et filiam meam saluasti hodie et honorem meum pro perpetuo. Ammodo michi eris carus." At ille: „Domine, est deus in celis, qui saluat sperantes in se. Unum, si placet, peto: patrem meum debilem dimisi et propter bellum festinaui; si placet, ad eum volo accedere et cito redire." At ille: „Michi bene placet; sed cito redeas, quia me ad tuam uoluntatem paratum inuenies." Perrexit Allexander ad regnum suum. Gauisus est Lodouicus et ait: „Karissime, quomodo expedisti?" At ille: „Vade ad imperatorem et seruias ei sicut prius, quia ei promisi redire! Caput aduersarii tui amputaui." Lodouicus reddidit ei grates et ait: „Vitam meam non tantum semel saluasti, sed sepius. Quomodo potero tibi reddere?" At ille: „Vade cum benediccione dei! Est deus in celis, qui reddit vnicuique secundum opera sua." (*Bl.* 178*v.*) Lodouicus viam suam de nocte ad imperatorem perrexit. Remansit Allexander nullo sciente de recessu, quando perrexit, nec de eius aduentu excepto Lodouico. Cum nox adesset, lectum cum regina intrauit; statim verba dulcia regine protulit ac eam amplexatus est. Que ait: „Iam tempus esset, ut saltem aliquod signum dileccionis per te inuenirem." At ille: „Quare talia dicis?" Illa respondit: „Nonne ab illo tempore, quo te desponsaui, omni nocte nudum gladium inter nos posuisti, ita quod caro tua carnem meam non tetigit?" Rex, cum hoc audisset, intra se cogitabat: „Iam video quod socius meus est michi fidelis." Et ait: „Karissima, hoc non feci propter malum tuum; sed quia dicitur quod mulier sit fragilis nature; ideo te probare volui." Illa, cum hec audisset, intra se cogitabat: "Tu qui talem despectum michi fecisti, de te vindicabor." Statim quendam militem sub rege dilexit amore inordinato; vnde inter se composuerunt, quomodo regem occidere possent. Venenum ad bibendum priuate ei dederunt. Intoxicatus est rex, non ad mortem, sed factus est vilis leprosus. Satrape hoc videntes dixerunt quod leprosus regnare non deberet, et eum a regno expulerunt. Interim moritur imperator; statim Lodouicus filiam suam desponsauit; et post hoc rex Israel defunctus est, ita quod simul super imperium et regnum Israel regnauit. Rex Allexander, cum hoc audisset, ait intra se: "Iam socius meus Lodouicus factus est imperator et rex Israel. Ad quem melius potero pergere quam ad illum, pro quo vitam meam sepius posui [in periculo]?" De nocte solus surrexit habens secum baculum in manibus et parvum tintinabulum et versus imperatorem Lodouicum ambulauit. Cum vero ad ianuam palacii venisset, ante ianuam pauperes ex vna parte sedebant et ex alia parte leprosi exspectantes [elemosynam]. Rex vero inter leprosos sedebat. Infra tempus breve imperator Lodouicus per eos transitum fecerat. Ille cum ceteris tintinabulum pulsabat et nichil ei dabatur. Cum vero adesset tempus commedendi et imperator in mensa sedebat, rex Allexander ad ianuam pulsabat; adest ianitor et causam pulsacionis quesiuit. At ille: "Ego sum hic quidam leprosus despectus ac omnibus vilis. Rogo te dei amore ut negocium meum velis facere cum imperatore." At ille: "Dic michi, quid tibi placet habere?" Qui ait: "Tantum ab eo peto propter domini amorem et regis Allexandri ut me intrare permittat, quod in terra ante eum possim sedere et ibidem cibum sumere." Ait ianitor: "Ammiror de te, quod talia a domino meo petis; nam aula (*Bl.* 179 *r.*) de satrapis ac nobilioribus plena est; si tam despectum hominem et lepra infectum in terra sedere viderent, cibum suum abhorrerent. Sed quia propter dei amorem hoc petis, quidquid de me contingit, negocium tuum cum domino meo adimplebo." Perrexit ad imperatorem et flexis genibus ait ei: "Domine mi, in porta est quidam leprosus horribilis aspectu, qui a uobis petit propter dei amorem et regis Allexandri de Egypto quod ei concedatis intrare, ut coram uobis cibum in terra possit sumere." Imperator, cum audisset nominare regem Allexandrum, regem Egypti, ait: "Cito, quantocumque vilis sit, introducatur, ut cibum coram nobis commedat!" Ianitor vero statim eum introduxit et in terram coram imperatore eum sedere fecit. Cum vero satis laute ei esset ministratum, vocauit ad se vnum ex seruitoribus: „Karissime, propter deum ad dominum tuum imperatorem perge et negocium meum in hac forma dic: pauper ille leprosus vos propter deum et amorem regis Allexandri rogat ut cyphum vestrum, de quo bibitis, impleri faciatis, ut possit ex illo cypho semel bibere." Ait seruiens: „Karissime, propter deum negocium tuum adimplebo; verumtamen non credo expedire, quia, si semel de cypho domini nostri imperatoris bibisses, non credo quod amplius de eodem hauriret." Perrexit ad imperatorem et ait: „Domine mi, parcite michi! Leprosus ille in terra petit propter deum et amorem regis Allexandri quod de vestro cypho, de quo bibitis, semel poterit haustum sumere." Imperator, cum nomen regis Allexandri nominare audisset, cum hylari vultu dicebat: „De optimo vino, de quo ego bibo, ei trade in cypho meo proprio propter amorem regis Allexandri!" In nullo autem noticiam eius habebat, quia leprosus effectus fuit. Rex Allexander totum, quod erat in calice, bibit. Hoc facto accepit annulum, quem habebat in digito, quem quidem anulum Lodonicus, antequam erat imperator, ei in signum amoris in via dedit; traxit de digito et illum proiecit in cyphum et ait seruitori: „Karissime, trade domino tuo cyphum cum anulo, ut uideat, si anulum cognoscat!" Seruitor vero domino suo presentauit. Imperator, cum anulum vidisset, statim noticiam eius habebat quod anulus eius fuisset, quem in signum amoris regi Allexandro dedit. Commota sunt omnia viscera eius et ait in corde suo: „Aut rex Allexander est mortuus, aut leprosus iste furatus est anulum istum." Iussit statim ut sub pena vite de aula non recederet, quousque colloquium cum (*Bl.* 179*v*.) imperatore haberet. Ille vero caput inclinauit et dixit: „Presto sum eius voluntati per omnia obedire." Finito prandio imperator leprosum ad partem traxit et ait: „Karissime, quomodo ad istum anulum denenisti?" At ille: „Domine, nunquid noticiam eius habetis?" Et ille: „Eciam, peroptime. Anulus meus erat, quem dedi regi Allexandro, socio meo, in signum amoris." Qui ait: „Amen dico tibi, idem Allexander, cui tu dedisti, ille tibi hodie presentauit. Ego sum ille Allexander." Imperator, cum hoc audisset, ad terram pre dolore cecidit, vestes eius regales dilaceranit, fleuit amare et ait: „O bone

Allexander, dimidium anime mee, quomodo vel per quam viam nobile corpus tuum est infectum?" At ille: „Quia tu propter nimium amorem, quem ad me habuisti, gladium nudum inter te et reginam posuisti, ipsa indignata est ex hoc et militem adamauit, per quem adulterium commisit. Ambo me intoxibant et factus sum leprosus et a regno meo expulsus." Imperator, cum hoc audisset, surrexit et osculatus est eum et ait: „Doleo super te, frater mi, dimidium anime[1] mee! Quid faciam, ut moriar pro te? Pacienter interim sustineas et pro subtilioribus medicis mundi mittam, ut te a lepra, si possibile fuerit, curent. O Allexander, te rogo intime ut statum tuum nulli ostendas et precipue imperatrici, quia, si sciret, dolorem intollerabilem haberet." Statim de camera honesta ei prouidit et omnia necessaria in ea posuit. Nuncios per diuersas mundi partes destinauit ad inquirendum medicos subtiliores, ut sine vlteriori dilacione venirent. Cito infra mensem .XXX. physici subtiles valde domino imperatori sunt presentati. Cum autem eos vidisset, gauisus est valde et ait: „Karissimi, amicum infectum habeo; si illum a lepra curare potestis, premia magna a me recipietis." At illi: „Domine, quantum est medicis operari, nos faciemus." Cum autem statum i. e. vrinam et pulsum eius vidissent, illum incurabilem indicabant. Imperator, cum hoc audisset, contristatus est valde. Pauperes ac religiosos viros uocari fecit, ut oraciones deo infunderent, ut leprosus sanitatem optineret. Imperator uero se ad ieiunium et oracionem posuit, deum pro sua pietate deprecando, ut sanitatem regi Allexandro daret. Cum vero nocte vna rex Allexander in oracione fuisset, venit uox de celo ad eum dicens: „Imperatrix .V. filios pulcherrimos imperatori peperit. Si illos .V. propriis manibus occideret et corpus tuum cum sanguine illorum lauaret, caro tua esset mun-(*Bl.* 180 *r.*)data, sicut caro paruuli!" Rex Allexander, cum hoc audisset, intra se cogitabat: „Non expedit istam visionem siue uocem a deo auditam alicui intimare. Quis est ille, qui vnicum filium occideret, ut me a lepra mundaret, cum tamen uox loquitur de .V. filiis imperatoris?" De uoce audita nichil loquebatur. Imperator vero die ac nocte ad deum pro remedio clamabat. Tandem, cum semel esset in oracione, venit uox ad eum dicens: „Ad quid tantum super me

---

[1] *Hs. zweimal* anime.

clamas? Rex Allexander per se bene viam nouit, quomodo ab omni lepra curari poterit." Imperator, cum hoc audisset, ad regem Allexandrum personaliter accessit et ait: "O bone Allexander, dimidium anime mee, a deo recepi quod viam sanitatis scias et non michi indicasti. Amen dico tibi, credebam quod nichil a me celares, et ideo indica michi, quomodo sanus fieri poteris!" At ille: "Mirum non est quod viam sanitatis mee a te abscondi, quia erit tibi hoc attemptare valde difficile." At ille: "Quomodo potest hoc fieri?" Qui ait: "A deo habeo quod, si .v. filios tuos occideres et me de sanguine illorum lauares, caro mea esset mundata, sicut caro parui pueri. Et ideo silui, quia decens non esset quod filios tuos propter sanitatem meam occideres." At ille: "O Allexander, dimidium anime mee, parum in me confidis, quando credis quod filios meos propter tuam sanitatem non occiderem. Immo si .v. et .v. haberem, omnes manibus meis occiderem ad hoc quod sanitatem perfectam haberes!" Imperator vero respexit horam, quando imperatrix ad ecclesiam accessit cum dominabus et ancillis. Cameram intrauit solus, in qua pueri .v., filii eius, in lecto dormientes iacuerunt; pugionem extraxit et per ordinem quinque filios suos occidit guttur cuiuslibet incidendo. Vas quoddam de sanguine illorum impleuit et in eodem sanguine regem Allexandrum balneari fecit ac lauari. Cum vero lotus fuisset, caro eius tam mundata erat, sicut caro parui pueri. Statim rex Lodouicus noticiam eius habebat; osculatus est eum et ait: "O bone Allexander, iam noticiam tui habeo per omnia. Benedicatur hora, in qua filios meos occidi pro tua sanitate!" Non erat aliquis in curia, qui de casu puerorum sciret vel de eorum morte, nec nutrices. Cum vero eum imperator totaliter sanum vidisset, ait ei: "O bone Allexander, bene per .XX. miliaria a me recedas; die vero tercia nuncium ante te premittas, ut de aduentu tuo publice coram omnibus michi denunciat! Et ego cum omni solempnitate tibi obuiam veniam et nobiscum remanebis, donec deus de statu tuo aliter prouideat." At ille: (*Bl.* 180*v.*) "Bonum est consilium." Statim cum magno comitatu ab eo priuate recessit. Feria[1] tercia nuncium[2] ei misit, qui denunciaret de aduentu regis Allexandri. Imperatrix, cum hoc audisset, gauisa est valde et ait: "O domine, vltra quam credi

---

[1] *Hs. am Rande* die. [2] *Hs.* nucium.

potest, causam gaudendi habemus, eo quod a multo tempore regem Allexandrum non vidimus. Domine, obuiam ei cum honesta comitiua pergere debes et ego sequar cum dominabus et ancillis," nichilque sciens de morte puerorum. Imperator vero perrexit cum honesto comitatu et domina post eum et regi Allexandro obuiabant. Amplexati sunt eum et cum magno iubilo eum receperunt et ad palacium perrexerunt. Cum tempus prandendi adesset, rex Allexander inter imperatorem et imperatricem est collocatus. Imperatrix vero omne solacium et gaudium, quod posset fieri, ei ostendit ac propriis manibus cibaria sua ei preparauit. Imperator, cum hoc vidisset, ganisus est valde et ait: „O bona Florentina, gaudeo super omnia, quod domino regi Allexandro ostendis tot solacia." At illa: „O domine, pocius tu de aduentu suo debes gaudere, quia ad dignitatem tuam per ipsum es promotus." Et ille: „Rogo te, Florentina, audi verba mea! Vidisti illum leprosum, qui altera die sedebat [coram nobis] et de cypho meo bibebat?" Que ait: „Immo vidi; sed turpiorem eo in corde meo me vidisse non memini." Et ille: [„Rex Allexander erat." At illa]: „Absit, qnod ille fuisset persona regis Allexandri!" [Qui ait: „Immo fuit persona regis Allexandri,][1] qui inter nos hic sedet et nullo modo curari posset, nisi filios tuos .V., quos michi peperisti, occidissem et de eorum sanguine eum lauassem. Quero ergo, ex quo tantum eum diligis, si ad hoc consentires, ut occiderentur pro eius sanitate?" At illa: „O domine, cur talia loqueris? Si .V. ac .V. et iterum .V. haberem, priusquam dominus rex Allexander esset infectus, omnes manibus meis occiderem, propterea quod rex sanatus esset. Et hec racio est: si semel rex Allexander perditus per mortem fuisset, irrecuperabilis esset; sed licet filii nostri essent mortui, adhuc satis iuuenes sumus prolem habere ac filios multos procreare[2]." Rex hec audiens ait: „Et ego dico tibi quod ille leprosus, qui altera die in terra sedebat, erat iste rex Allexander, qui nullo modo curari poterat, quousque balneatus fuisset in sanguine filiorum tuorum. Et ideo eos propriis manibus occidi et regem nostrum laui et sic ab omni lepra, sicut vides, est mundatus." Nutrices, cum hoc audissent, cum eiulatu magno et clamore cameram puerorum intrauerunt, et, cum in-(Bl. 181 r.) trassent, viderunt omnes quinque circa lectum corizantes ac

---

[1] *Nur im Drucke; alle Hss. haben diese Textverderbnis.* [2] *Hs.* procrare.

cantantes: „Aue Maria, gracia plena, dominus tecum!" Nutrices hoc videntes imperatori cum omnibus denunciabant, quomodo pueri corizarent. Omnes vero cameram intrabant dominum benedicentes, qui tam pulchrum miraculum ostendebat. — Deinde imperator exercitum collegit et cum rege Allexandro regnum Egypti intrauit; reginam cum milite, qui adulterium commisit, igne cremari iussit. Hoc facto imperator vnicam sororem habebat, quam regi Allexandro dedit, et, cum totum regnum in pace optinuisset, imperator ad imperium perrexit. Rex Allexander satis prudenter in omnibus ac strennue se habebat; inimicos omnes denicit. Ille vero, cum esset in tota gloria sua ac potencia, de patre suo et matre cogitauit, per quos erat in mare proiectus, qui in longinquis partibus manebant. Nuncium ad eos premisit denuncianaque eis quod certo die ad eos veniret et cum eis pranderet. Nuncius vero statim iter arripuit et ad parentes venit ignoransque quod parentes eius essent. Ex parte regis Allexandri eos salutauit et ait: „Karissimi, tali die dominus meus rex vult nobiscum prandere." Ait miles, pater regis: „O karissime, benedicatur hora, in qua dominus meus rex mecum cibum sumere cogitauit," ignoransque quod filius eius esset, et quem in mare proiecit, estimans illum submersum a multis diebus. Ait mater nuncio: „Dicas domino nostro regi quod maiorem honorem rex nobis facere non poterat quam nobiscum prandere, cum simus simplices et serui eius." Nuncius vero reuersus ad regem denunciauit quod de eius aduentu gauderent. Rex vero cito post hoc ad patrem suum rediit cum magno comitatu. Miles vero, pater eius, ei obuiam perrexit. Cum vero ei appropinquauit, de equo descendit et flexis genibus regem salutauit ignorans quod filius eius esset, quem in mare proiecit. Rex vero eum de terra leuauit et dextrarium ascendere fecit; ambo vsque ad castrum eius equitabant. Mater ei occurrebat et prona in terra eum salutabat. Rex vero eam leuabat et amplexatus est eam, que ait: „Domine mi reuerende, magnum honorem fecisti nobis hodie, quod tam reueranda persona, dominus noster et rex, cibum nobiscum sumere vult." Cum vero dominus domus omnia parata vidisset, regi denunciauit quod tempus prandendi esset. Ille vero se ad mensam parauit. Statim miles lauatorium tenebat cum aqua, paratus regi ministrare; domina vero, mater eius, manutergium tenebat. Cum vero rex hoc vidisset, subrisit et tacite dicebat in corde suo: „Iam cantus phylomene est impletus, ut pater meus et mater aquam ac mappam michi (*Bl.* 181 *v.*) pro manibus lauandis tenerent, si hoc vellem permittere." Uocauit vnum ex seruis suis et ait: „Accipe aquam de manu militis et michi ministres et manutergium de manu domine!" Ait miles: „O domine, nos digni non sumus vobis ministrare; sed concedatis quod possimus istud vobis adimplere et erit honor nobis pro perpetuo!" At ille: „Non facietis! Vos senes estis et senectuti vestre parco." Cum vero rex mensam intrasset, matrem a dextris et patrem a sinistris accepit. Illi vero, quantum potuerunt, solacium regi fecerunt. Finito prandio rex cameram intrauit; militem cum domina secum intrare fecit; hostium claudi precipit et omnes exierunt excepto rege et milite cum domina. Tunc ait rex eis: „Precipio vobis vt ad interrogata michi respondeatis." Et illi: „Domine, fiat uoluntas tua, quantum est nobis possibile!" Ait rex: „Nunquid prolem habetis?" At illi: „Domine, nec filium nec filiam habemus." Qui ait: „Utrum sic actum est uobis ab illo tempore, quo adinuicem venistis?" Ait miles: „Domine, aliquo tempore filium habuimus et mortuus est." Ait rex: „Qua morte moriebatur?" Et ille: „Morte naturali." Ait rex: „Si perpendere potero quod mortuus est alio modo, de mendacio es couuictus." Ait miles: „Domine mi rex, quare de filio nostro tantum queritis?" Et ille: „Non sine causa; et ideo volo scire, quomodo extinctus sit; aliter perhybitis." Illi hoc audientes ad terram se posuerunt et misericordiam pecierunt. Qui, cum eos iacere vidisset, leuauit eos et ait: „Dicite michi veritatem, quomodo actum sit de filio vestro, quia, si veritatem per alios potero scire, morte turpissima vos condempnabo. Ad noticiam meam venit quod vos eum interfecistis, et ideo, si illud ad indicium producatur, ad mortem iudicati estis." Ait miles: „Domine, miserere nobis! Vnicum filium habuimus et quia interpretacionem cantus phylomene[1] michi dixit quod ipse fieret tam nobilis ac diues, quod ego et mater sua ei ministrare deberemus aquam et manutergium tenendo, si nos permitteret, ego vero ex hoc motus inuidia illum in mare proieci." Qui ait: „Et quid mali esset, si hoc fuisset impletum? Immo honor et gloria vobis esset. In hoc grauiter deliquistis; sed stultum vobis erat contra divinam

---

[1] *Hs. davor noch* auium.

voluntatem laborare. Karissimi, scire debetis quod ego sum filius vester, quem in mare proiecistis. Et deus sui gracia me saluauit et ad istum statum duxit." Illi hoc audientes timuerunt valde; ad terram ceciderunt et misericordiam pecierunt. Ait rex: "Nolite timere! Nullum malum de hoc vobis eueniet." Statim osculatus est patrem et matrem; mater vero pre gaudio fleuit. Ait rex: "Nolite flere; sed estote confortati! In regno meo precellere me debetis quantum ad omnia, quamdiu vixeritis." Et duxit illos secum et cum eo in omni gloria ac honore et potestate, quam (*Bl.* 182*r.*)diu vixerunt, cum eo fuerunt.

Tunc ait filius imperatoris imperatori: "Domine, intellexisti que dixi?" At ille: "Eciam, peroptime." Qui ait: "Eodem modo licet deus michi maiorem sapienciam, graciam contulerit quam alteri, non propter hoc te a regno priuassem; immo si voluntarie michi dedisses, non minus propter hoc te in honore, gloria, potestate haberem, sicut ille habuit, qui fuit proiectus in mare, et tamen post hoc, quamdiu vixerunt, bene per omnia habuerunt." Ait imperator: "O fili, optimam narracionem michi dixisti; ammodo tibi imperium resigno et tecum permanere uolo, eo quod senex sum et me ulterius iuuare non potero." At ille: "O domine, non fiet ita; sed quamdiu vixeris, imperium habebis; quantum ad labores et actus alios paratus sum in omnibus obedire tibi. Procedamus ad indicium contra imperatricem." Imperator statim fecit indices indicium dare. Confessio sua propria eam dampnat et probacio illius rybaldi in habitu mulieris, qui est inventus. Statim extracta est ad caudas equi, postea in patibulo suspensa, deinde combusta, rybaldus vero membratim divisus. Vnde omnes laudabant ac sentenciam approbabant. Post hoc cito moritur imperator quiete. Dyoclecianus, filius eius, loco sui regnauit et magistros suos omni tempore secum retinuit et sic imperium regebat, quod omnes miro modo per eum sapienciam, dinicias acquisierunt et eum dilexerunt, in tantum quod sepius se morti pro se exposuerunt. Et sic in pace vitam finiuit.

Über die Quelle

der

Seuin Seages

des

Johne Rolland von Dalkeith.

Im Jahre 1578 erschien in Edinburg eine metrische, schottische Bearbeitung des Romans von den sieben weisen Meistern unter dem Titel: *The seuin Seages Translatit out of prois in Scottis meter be Iohne Rolland in Dalkeith.* Alles, was man von dem Verfasser John Rolland, welcher ausserdem noch eine zweite Dichtung, *The Court of Venus*, verfasste, weiss, fasst Walter Gregor in der Einleitung zu seiner neuen Ausgabe dieser letztern (*Scottish Text Society* 1884) in folgende Worte zusammen: *If he was not born in Dalkeith, he spent part of his life in it. From a writ lately discovered ....., we learn that he was a presbyter of the diocese of Glasgow, and that in 1555 he acted as a notary in Dalkeith.* Das einzige bekannte Exemplar der ersten Ausgabe von Rollands Bearbeitung der sieben weisen Meister befand sich im Jahre 1837 im Besitze von William Henry Miller zu Craigentinny in Schottland (vergl. Laings Vorrede zu der unten zu nennenden neuen Ausgabe S. XVI), verblieb auch nach dessen Tode in seiner Bibliothek (vergl. Hazlitt, Hand-Book S. 661 und Lowndes-Bohn, The Bibliographer's Manual III 2120) und dürfte sich auch jetzt noch dort befinden. Von spätern Ausgaben zitiert Laing a. a. O. eine solche von 1592, eine andere vermutlich gleichzeitige, eine von 1620 und eine von 1631. Da Laing und auch Hazlitt, Collections and Notes, second Series 653 von der Ausgabe von 1620 nur unvollständige Exemplare kennen, mag erwähnt sein, dass der Buchhändler Quaritch in London im Februar 1882 ein vollständiges besass; s. seinen Katalog Nr. 342 S. 631. Wohin es gekommen ist, vermag ich nicht anzugeben.

Im Jahre 1837 hat David Laing die Dichtung nach dem ältesten Drucke für den Bannatyne Club neu herausgegeben.

Bezüglich der Quelle, aus welcher Rolland geschöpft hat,

sagt er auf dem Titel nur, dass er eine Prosadarstellung benutzt habe. Laing S. XIV der Vorrede zur neuen Ausgabe vermutet, dies sei der um 1550 in London erschienene Coplandsche Druck gewesen, von welchem ein ehemals im Besitze von Baynes und dann von Ritson befindliches Exemplar später verschwunden sei. Petras, Über die mittelenglischen Fassungen der Sage von den sieben weisen Meistern (Dissertation, Breslau 1885, 47) wiederholt diese Vermutung Laings und fügt hinzu, Copland müsse nach der zuerst im Jahre 1492 zu Genf gedruckten und von G. Paris, *Deux Rédactions du Roman des sept Sages* 55 ff. abermals veröffentlichten französischen Prosaversion gearbeitet haben, und es sci also letzterer Text mittelbar als die Quelle von Rollands Bearbeitung anzusehen. Diesen Beweis sucht er dadurch zu erbringen, dass er zeigt, dass die Namen des Kaisers, der Prinzen und der Weisen bei Rolland und in dem französischem Texte übereinstimmen, die Reihenfolge der Erzählungen in beiden die gleiche ist, die Amicus-Legende in derselben Form sich in beiden findet, und endlich im einzelnen mancherlei weitere Übereinstimmungen vorhanden sind.

Dem gegenüber weist Varnhagen, Englische Studien X 282 darauf hin, dass der von Petras aus diesen Übereinstimmungen gezogene Schluss, dass nämlich eben dieser französische Text die (indirekte) Quelle Rollands sei, nicht zwingend ist, da der französische Text doch nur eine Übertragung der lateinischen *Historia* sei, auf welche also der Schluss ebenso gut passen würde.

Man darf also als von Petras erwiesen nur ansehen, dass Rollands Gedicht zu der umfangreichen Gruppe von Texten gehört, welche direkt oder indirekt aus der *Historia* geflossen sind.

Ob nun die *Historia* die direkte Quelle Rollands ist — denn dass Coplands Werk Rolland vorgelegen habe, ist doch nichts als eine Vermutung Laings — oder ob der schottische Dichter nach irgend einer Übersetzung derselben gearbeitet habe, das festzustellen ist der Zweck der folgenden Untersuchung.

Von der grossen Menge von Texten in französischer, englischer, deutscher, isländischer, dänischer, schwedischer, spanischer und andern Sprachen, welche auf die *Historia* zurückgeben, können wir die meisten als nicht in Betracht kommend ruhig beiseite lassen, da es von vornherein als höchst unwahrscheinlich zu betrachten ist, dass der .in einem schottischen Landstädtchen wohnhafte Dichter einen andern Text benutzt habe, als einen in englischer, lateinischer oder französischer Sprache.

Von französischen Übersetzungen der *Historia* ist nur die oben erwähnte bekannt *).

Von englischen, die älter sind als Rollands Gedicht, existiert erstens eine solche von Wynkyn de Worde, deren bei Hazlitt, Hand-Book 660 und in dem Catalogue of Books in the Library of the British Museum, printed in England . . . . . . to the year 1640, III 1326 angeführter Anfang lautet: *Here begynneth thystorye of y*.VII. Wyse Maysters of rome conteynynge ryghe fayre & ryght ioyous narracions, & to y*e* reder ryght delectable.* Als Entstehungszeit dieses Druckes wird von Hazlitt vermutungsweise das Jahr 1505, in dem erwähnten Catalogue das Jahr 1520 angegeben. Das einzige bekannte, noch dazu nicht ganz vollständige Exemplar desselben befindet sich im britischen Museum und ist neuerdings von George Laurence Gomme wieder herausgegeben worden unter dem Titel: *The History of the seven wise Masters of Rome*, für die Villon Society, London 1885. Die kleine Lücke ist aus einem *Chap-Book*-Texte vom Jahre 1671, ebenfalls auf dem britischen Museum, ergänzt worden **).

Zweitens kommt der bereits erwähnte Coplandsche Druck, dessen Anfang und Schluss Hazlitt, Handbook a. a. O. anführt, wo derselbe ungefähr ins Jahr 1550 gesetzt wird, in Betracht. Bei Græsse, Trésor VI, 1, 366 wird angegeben *imprimée vers* 1548—1561, unter Verweisung auf Dibdin, Ames III 170. Ein

---

*) Was das Verhältnis dieses Textes zu seiner Vorlage betrifft, so sei hier bemerkt, dass der Bearbeiter eine nicht geringe Anzahl von Wörtern und Sätzen seiner lateinischen Vorlage unübersetzt liess; er hat seine Vorlage breitgetreten und erweitert durch oft weitläufige Umschreibungen des knappen lateinischen Ausdruckes; schliesslich vergrösserte er den Umfang seines Werkes durch mehr oder minder beträchtliche, selbständige Zusätze.

**) Über das Verhältnis dieses Textes zur lateinischen Vorlage lässt sich sagen, dass ersterer öfters einzelne Stellen und Wörter der Vorlage unterdrückt und ausserdem eine verhältnismässig geringe Anzahl von selbständigen Zusätzen aufweist.

Exemplar dieses Coplandschen Druckes ist nicht bekannt; doch macht der Umstand, dass Anfang und Schluss, abgesehen von dem Namen und dem Zeichen des Druckers, wörtlich mit dem des Wynkyn de Wordeschen Druckes übereinstimmen, es sehr wahrscheinlich, dass Copland weiter nichts that, als den ältern Wynkyn de Wordeschen Druck wieder abdrucken.

Ferner verweist Keller, Li Romans des sept Sages, Einleitung LXXX, und nach ihm Petras a. a. O. auf einen von Ebert, Allgemeines bibliographisches Lexikon Nr. 13590 angeführten Caxtonschen Druck, dessen Titel letzterer folgendermassen anführt: *Treatyse of the seven points of true love and everlasting Wisdome, drawn out of the book which is . . . . cleped Orologium Sapientiae. Here begynneth a lytill shorte treatyse that tellyth how there were seven maysters assemled togydre every chone assked* etc. *Westmynster, W. Caxton.* Nach diesem Titel könnte man freilich glauben, es hier mit einer Bearbeitung unseres Stoffes zu thun zu haben. Ebert aber hat den Titel aus Panzer, Annales typographici III 559 und letzterer wieder aus Maittaire, Annales typographici IV 755 genommen, wo als Titel angeführt wird: *Treatyse of the seven points of true love and everlasting Wisdome drawn out of the book which is written in Latyn and cleped Orologium Sapientiae. Emprinted at Westmynster. W. W. Caxton. Here begynneth a lytill shorte treatyse that tellyth how there were seven maysters assembled togydre everychone assked other what thynge they myghte best speke of that myghte plese god, and were moost profitable to the people. And all they were accorded to speke of Trybulacyon. W. C. A compendious abstracte translate into Englysshe out of the holy rule of saynte Benet. Thus endeth this present boke composed of diverse fruytfull matters. Emprynted at Westmynster.*

Es ist dies also ein aus drei verschiedenen Schriften bestehender Band, von welchem die zweite die uns hier interessierende ist. Aber wie der hier vollständige Titel mit genügender Sicherheit erkennen lässt, hat der Inhalt derselben mit unserm Stoffe nichts zu thun, wie dies nach Græsse, Trésor a. a. O. auch bereits Dibdin, Bibl. Spenser. IV 329 konstatiert hat. In der Liste der Caxtonschen Drucke im Dictionary of National Biography IX 386 ff. treffen wir den unsrigen als Nr. 69 verzeichnet mit dem Titel: *A Book of Divers Ghostly*

Matters, containing the Seven Points of True Love or Orologium Sapientiæ: the Twelve Profits of Tribulation, and the Rule of St. Benet.

Nachdem so dieser Caxtonsche Druck aus der Reihe der möglichen Vorlagen Rollands entfernt ist, ist die Quellenfrage bezüglich der Dichtung des letztern folgendermassen zu fassen:

Hat Rolland direkt nach der lateinischen *Historia* gearbeitet, oder hat er eine der beiden Übersetzungen, die französische von 1492 oder die englische des Wynkyn de Worde benutzt, oder endlich ist anzunehmen, dass er eine andere, jetzt verlorene vor sich gehabt hat?

Die vier angeführten Texte, so sehr sie in allem Wesentlichen übereinstimmen, weichen doch in mehr oder weniger nebensächlichen Einzelheiten vielfach von einander ab.

Eine Vergleichung der Namen ergiebt als wichtig nur, dass sowohl im englischen als im schottischen Texte der Namen des siebenten weisen Meisters (Joachim in der *Historia* und im französischen Texte) fehlt.

Wichtig sind die Einteilung in Kapitel und die Überschriften der letztern. Die *Historia* hat, wenigstens in dem alten Drucke, weder Überschriften noch Kapiteleinteilung. Der französiche Text beginnt mit einem Vorworte des Übersetzers und teilt den Stoff in drei Teile: der erste enthält in sieben Kapiteln die erste Hälfte der Rahmenerzählung; der zweite bringt in vierzehn Kapiteln die sieben Erzählungen der Kaiserin und der sieben weisen Meister; der dritte zerfällt in fünf Kapitel, von denen das erste, dritte und vierte die zweite Hälfte der Rahmenerzählung, das zweite in dreizehn *parcelles* die Erzählung *Vaticinium* nebst der mit derselben verflochtenen Amicus-Legende, und endlich das fünfte eine Schlussbetrachtung nebst Inhaltsrekapitulation enthält. Einem jeden dieser Teile, Kapitel und *parcelles* geht eine den Inhalt kurz zusammenfassende Überschrift voran. Der englische Text teilt die Rahmenerzählung gleichfalls in Abschnitte ein; auf die erste Hälfte der Rahmenerzählung folgen die Beispiele der Kaiserin und der weisen Meister; hierauf folgt die zweite Hälfte der Rahmenerzählung, welche die Erzählung *Vaticinium* und die mit derselben verflochtene Amicus-Legende enthält. Sämtliche Abschnitte der Rahmenerzählung tragen den Inhalt kurz zusammenfassende

Überschriften; die Beispiele der Kaiserin und der weisen Meister tragen Überschriften ohne Inhaltsangabe, ebenso die **Klage der Kaiserin** *(Complaynt)*, welche jedem ihrer Beispiele vorangeht, und die Erklärung des ersten, dritten und vierten Beispieles, welche der englische Text von der Erzählung getrennt hat.

Zu dieser Einteilung stimmt die des schottischen Textes; nur ist hier die *Declaratioun* des zweiten Beispieles der Kaiserin getrennt von der Erzählung, das zweite bis fünfte *Complaynt* ist mit dem darauffolgenden Beispiele der Kaiserin, das sechste und siebente *Complaynt* mit dem ihr vorangehenden Beispiele des fünften bezw. sechsten Meisters verbunden. Die Erzählung *Vaticinium* nebst der Amicus-Legende ist weder im englischen noch im schottischen Texte in Abschnitte getrennt.

Ferner stimmen auch die Überschriften in den beiden Texten fast wörtlich überein:

Englisch.

How the Emperoure to the seuen wyse maysters commytted and delyuered his sone to lerne.

How the Emperour by the counseyll of the grete prynces and lordes of his Empyre wedded an other wyfe.

How the seven Wise Masters after the sight of the Emperor's letter would first observe the course and divine for shewing of the Firmament, and Planets, whether it were good to obey his commandment or not*).

How the Emperor rode to meet his son coming from study with Joy, Solemnity and Triumph.

Howe thempresse ladde Dioclesyan themperours sone with her in her chamber for to make good chere with hym the whiche he withstode.

Howe Thempresse complayned to themperour of the shame to her done by his sone.

Schottisch.

How the Empreour committit and delyuerit his Sone to the seuin Doctouris of Rome to leir.

How the Empreour be counsall of his Princes, and Lordis of his Impyre weddit ane vther wyfe.

How the seuin Maisteris efter the sicht of the Empreouris Letteris wald first se the cours of the Firmament and Planetis, quhidder it was gude to obey his commandement or not.

How the Empreour raid to meit his Sone coming fra the studie, with greit Pomp and Pryde.

How the Emprice led Dioclesiane to hir Chalmer for to mak meriness, quhilk appeirandlie he withstude.

How the Emprice complenit to the Empreour of the schame done to hir be his Sone Dioclesiane.

---

*) Dieser Titel ist dem *Chap-Book* entnommen, ebenso der folgende.

How that Dyoclesyan themperours sone complayned on thempres, and how that he excused him of her complaynt.	How Dioclesiane on the Emprice complenit, And him excuset of all maters scho menit.
How Judgement was given upon the Empress and how that she and her Lover were both put to death *).	How the Emprice was condampnit to deid With her Luifer but mercie or remeid.

Eine Abweichung vom englischen Texte, ohne dass jedoch mit den Überschriften der entsprechenden Kapitel des französischen Textes Übereinstimmung vorliegt, weisen die Überschriften nur der drei folgenden Erzählungen auf:

The Fyrst Example of the Empresse.	The first Tale of the Emprice is of the gude tre that grew in the Burges Gardine, and for the Imp that grew besyde it he gart cut the greit tre.
The Example of the Thyrde Mayster.	The Tale of the thrid Maister, of the Burges Pyat.
The Example of the Seuenth Mayster.	The Taill of the Seuint Maister is how the man deit becaus he saw his Wyfes finger bleid.

Hinsichtlich der Abweichungen im Texte lässt sich konstatieren, dass, wo die vier Texte in Einzelheiten auseinandergehen, der lateinische Text mit dem französischen, der englische mit dem schottischen geht.

Ich beschränke mich bei diesem Nachweise hauptsächlich auf die erste Hälfte der Rahmenerzählung, das *Fyrst Example of the Empresse*, das *Example of the Fyrste Mayster* und eine beliebig herausgegriffene spätere Erzählung, das *Seuenth Example of the Empresse*, indem das gewonnene Resultat auch auf den übrigen Teil Anwendung findet.

Bei dieser Vergleichung lege ich jedoch mit Rücksicht darauf, dass sowohl der französische, als der englische und der schottische Text dem Texte der *Historia*, wie er in dem unter Nr. 2 angeführten Inkunabeldrucke vorliegt, ungleich näher stehen als dem von mir veröffentlichten Texte, nicht diesen letztern, sondern den erstern zu Grunde. — Ich gebe auch bei dem lateinischen Texte die Seitenzahl an, obgleich der Druck nicht paginiert ist.

---

*) Dem *Chap-Book* entnommen.

A. Textstellen, welche sich in der *Historia* und im französischen Texte finden, im englischen und schottischen Texte hingegen fehlen.

Utinam esset ille mortuus et tu haberes filium et ille fieret heres imperii (S. 6) = *pleust a Dieu qu'i n'est mort et que j'eusse ung fils, affin qu'i fut heritier de l'empire* (S. 62). — *Ex quo proprio careo* (S. 7) = *puis que je n'en ay point qui soit myen propre* (S. 63). — *Et omnia indicavit* (S. 8) = *et denunça tout ce que devoit estre* (S. 65). — *Unusquisque nostrum* (S. 9) = *chescun de nous* (S. 65). — *Capitibus inclinatis* (S. 9) = *a chief enclin* (S. 66). — *Quod non loqueretur* (S. 10) = *qu'i ne parloit point* (S. 66). — *Foras exivit* (S. 10) = *saillit hors* (S. 67). — *Ut virginitatem meam haberes* (S. 11) = *affin que tu l'eusses* (sc. *ma virginité*) (S. 67). — *Cum eam sic sanguentam videret ac vestes et ornamenta dilaceratas et eius queremoniam audivisset* (S. 13) = *quant l'empereur vit la royne sa femme ainsy ensanglentée et desirée de ses ornemens, et qu'il eust ouy ses plains et ses queremonies* (S. 69). — *Alias honor noster laederetur* (S. 14) = *aultrement vostre honnour seroit tropt blecé* (S. 71). — *Sic quod arbor nuda totaliter stetit* (S. 15) = *tellement que le grant pin demeura quasi tout nudz* (S. 72). — *Adhuc virgula ista non proficit* (S. 15) = *cestuy arbre ne profite pas* (S. 73). — *Nullus profectus consecutus est* (S. 15) = *n'eust jamais ne bien* (S. 73). — *Quod arbor destrueretur* (S. 15) = *que l'arbre fut perdu et gasté* (S. 73). — *Quod in nostra societate bene loquatur. Et quare modo non loquitur, deus novit* (S. 17) = *qu'il parloit bien en nostre compagnye. Et pour ce qu'i ne parle point a present Dieu scet la cause pour quoy* (S. 75). — *Sed erat infans* (S. 18) = *mais yl estoit petit* (S. 76). — *Post istum puerum duo alia habuit* (S. 18) = *après son enfant avoit deux choses* (S. 76). — *Falconem dilexit* (S. 18) = *il amoit fort le falcon* (S. 76). — *Ad liberandum puerum* (S. 19) = *qu'i deffendit l'enfant* (S. 77). — *Cum alarum plausum audivisset et excitatus* (S. 19) = *le levrier au son des elles du faulcon se reveilla* (S. 77). — *Quasi amens* (S. 20) = *comme foursonnée et hors du sens* (S. 78). — *Quod si bene adverteris, magnum profectum inde habebis* (S. 22) = *auquel se bien tu considéres tu en auras ung grant profit* (S. 80). — *Foramen* (S. 87) = *par le partuys secret* (S. 142). — *Expergefactus* (S. 87) = *quant le chevalier se reveillia* (S. 142). — *Per aditum suum* (S. 88) = *par son secrest* (S. 144). — *Nam via de castro erat satis longa ad domum militis* (S. 89) = *et la distance de la maison et du chastiaul estoit asses longue* (S. 142). — *Per que vestre memorie habere poterit continue* (S. 93) = *affin que de vous tousjour luy souviegne* (S. 147). — *Quia miles erat ei multum dilectus* (S. 93) = *car le chevalier estoit fort aymé du roy* (S. 147). — *Cum ad navem venissent* (S. 93) = *quant il furent près de la navile* (S. 147). — *Hic est maritus tuus* (S. 93) = *Voycy ton mari* (S. 148). —

In omnibus (S. 93) = *en tout* (S. 148). — *Rex vero tam diu ibi stetit, quamdiu navem videre potuit* (S. 93) = *le roy ne se bougea du lieu jusques il ne les peust plus veoir* (S. 148).

B. Textstellen, welche sich im englischen und schottischen Texte finden, im lateinischen und französischen fehlen:

Goodly (S. 1) = *gudelyke* (S. 3). — *Yf euer he wolde see her on lyue* (S. 1) = *gif euer he wald se hir vpon lyue* (S. 3). — *To engendre and make mo chyldren* (S. 9) = *to that effect successioun for to haue* (S. 17). — *With you* (S. 14) = *with you* (S. 30). — *Vnto this daye* (S. 17) = *vnto this present hour* (S. 34). — *Vpon a burgeys of Rome* (S. 21) = *on ane Burges come of this Cietie* (S. 42). — *And dyde so many gret and merueylous actes or dedes* (S. 118) = *daylie actis he vsit and honest deidis* (S. 219). — *Whan that ye haue nede* (S. 119) = *gif that zour grace neidit vpon me call* (S. 220). — *After his entente* (S. 119) = *efter his awin Intent* (S. 220). — *Chased* (S. 120) = *chais* (S. 222). — *He anone gate on his horse* (S. 120) = *incontinent he gat vpon his hors* (S. 222). — *All redy apparayled in his owne house after his maner* (S. 124) = *weill all cled vp efter the conswetude of his countrie* (S. 229). — *To make sayle* (S. 125) = *to tak vp sailis* (S. 230). — *Vnto the shyppe* (S. 125) = *to the Schip* (S. 231). — *To your countre* (S. 126) = *to your land* (S. 231). — *And myssed the quene* (S. 126) = *and fand the Quene absent* (S. 232). — *I bere and haue* (S. 126) = *beiris* (S. 233). — *Hath me ashamed* (S. 126) = *me he wald have schamit* (S. 234). — *And ye marke not* (S. 126) = *this ge mark not* (S. 234). — *From all perils* (S. 127) = *fra perrell* (S. 234). — *And have stood in great jeopardy and peril of my life* (S. 179) = *and daylie stude in greit perrell of life* (S. 331). — *Quartred and smyten in peces and his flesshe caste vnto the houndes and byrdes of the ayre for to deuoure hym* (S. 180) = *quarterit and sine his flesche furth cassin to the tykis, to be deuorit with doggis vnder dykis, and with the foulis that fleis in the Air* (S. 232).

C. Textstellen, welche inhaltlich den vier Texten gemeinsam sind, wobei jedoch in Wahl und Beschaffenheit des Ausdruckes der englische und schottische Text gegenüber dem lateinischen und französischen zusammengehen:

Cito (S. 1) = *hastivement* (S. 57): *Without taryenge* (S. 1) = *but tarying* (S. 3). — *Folium edere* (S. 5) = *des feulles d'une herbe verde qui se nomme edera* (S. 61): *An olyue leue* (S. 7) = *ane Oliue leif*

(S. 14). — *Simul dormiemus* (S. 11) = *dormirons ensemble* (S. 67): *Lete vs goo [to] bed togyder* (S. 17) = *lat vs go to bed* (S. 34). — *Ad tam magnum malum nolite me de cetero solicitare* (S. 12) = *ne me solicitez plus a faire ung si grant mal* (S. 68): *And therfore from hensforth prouoke or styre me no more therto* (S. 18) = *prouoke me not na farther hidderto* (S. 36). — *Pyna* (S. 14) = *pin* (S. 72): *A noble Tree* (S. 22) = *ane Nobill trie* (S. 45). — *Pinellam* (S. 14) = *pinelle* (S. 72): *Young Imp* (S. 22) = *goung Imp* (S. 45). — *Aliam salutationem* (S. 17) = *aultre salutacion* (S. 75): *A better rewarde* (S. 25) = *better rewaird* (S. 50). — *Oculis suis corporalibus* (S. 85) = *de ses yeux* (S. 140): *Tyll he had founde* (S. 116) = *quhill he fand* (S. 218). — *Sumptis equis* (S. 85) = *prist chevaulx* (S. 140): *And lepte vpon his horse* (S. 116) = *lap on his hors* (S. 218). — *Ibidem inclusa* (S. 85) = *la enclose* (S. 140): *Therin* (S. 118) = *thair* (S. 218). — *A vobis remunerationem accipere nullatenus dubitarem* (S. 86) = *d'estre remuneré je n'en fait point de doubte* (S. 141): *Without takynge of rewarde* (S. 119) = *without rewaird or ony recompence* (S. 220). — *Ab hac stultitia quiescam* (S. 87) = *je me abstiegne de ceste folie* (S. 142): *I be styll and tell not* (S. 119) = *to hald my toung and not ane word to tell* (S. 221). — *Annulum tulit regique dedit* (S. 88) = *prist l'aneaul et le luy presenta* (S. 143): *Brought the rynge to the kynge* (S. 121) = *and brocht the Ring to him* (S. 223).

Gegen die Benützung speziell des französischen Textes als Vorlage spricht besonders auch der Umstand, dass derselbe zahlreiche Erweiterungen und — oft nicht unbeträchtliche — Zusätze enthält, welche dem schottischen Texte fremd sind.

Vereinigen wir nun alle die angeführten Erscheinungen zu einem Gesamtbilde, so ergiebt sich als Resultat, dass der schottische und der englische Text auf das engste miteinander verwandt sind, und zwar so, dass entweder der englische Text aus dem schottischen, oder der schottische aus dem englischen, oder endlich beide aus einer gemeinsamen Quelle geflossen sein müssen. Die erstere Möglichkeit kommt schon dadurch in Wegfall, dass der englische Text, wenngleich der Druck ein Datum nicht zeigt, sicher älter ist als der schottische. Es ist daher nicht nötig, dies noch weiter durch Vergleichung der beiden Texte mit dem lateinischen oder französischen darzulegen, was leicht wäre. Die Möglichkeit, dass dem englischen und schottischen Texte eine verloren gegangene, gemeinsame Quelle zu Grunde liegt, muss allerdings zugegeben werden; aber es ist von einer solchen nichts bekannt, und es spricht auch nichts für die Annahme einer solchen. Es bleibt also nur noch übrig, dass der schottische Text aus dem englischen geflossen ist, d. h. dass die Prosa, welche Rolland nach seiner Angabe vorlag, eben dieser Druck des Wynkyn de Worde war.

In welcher Weise nun Rolland diese seine Vorlage benutzte, wird sich am leichtesten dadurch anschaulich machen lassen, dass ich einen nicht zu kurzen Abschnitt seiner Dichtung und seiner englischen Vorlage einander gegenüberstelle. Ich wähle dazu die Erzählung des ersten weisen Meisters.

The Example of the Fyrste Mayster.

There was a valyaunt knyght

whiche had oonly one soone, as ye haue.
The whiche he loued so moche that
he ordeyned for his kepynge thre nourysshes:
the fyrste sholde gyue him souke and fede hym,
the seconde sholde wasshe hym and kepe hym clene,
the thirde sholde brynge hym to slepe and to reste.

This knyghte had also a greyhounde

and a fawcon,

that he also loued ryghte well.

The greyhounde was so goode
that he neuer ran too noo game but he toke it
and helde it tyl his mayster came.

And yf his mayster dysposed hym to go to batayle,
yf he sholde not spede in the batayll,
anone as he sholde mounte vpon his horse,
the greyhounde wold take the horse tayll in his mouth

and drawe backwarde,
and wolde also cry and howle meruaylously loude.
By thise sygnes the knyght vnderstode,
yf that he sholde spede in his iourneye or not.

The faucon was so gentyll and so hardy

that he was neuer caste of to his praye,
but he toke it.

This same knyght had grete plesure
in iustynge and turneynge,
so that vpon a tyme vnder his castell
he lete proclame
a tornement,
,

to the whiche came many good lordes and knyghtes.

The Tale of Pantillas the first Doctour.

Into ane realme thair wynnit ane vailgeant knicht
Of nobill fame, of greit riches and micht,
That had ane sone, my lord, now as ye haue.

To thre nuresis to foster he him gaue:
The first nureis to giue him suck and feid; 5
The nixt him wesche and keip him clene at neid;
The thrid to bring him vnto sleip and rest.
The nobill knicht for his barne thocht it best.
This knicht also he had ane gay grewhound,
That nane mair swyft did rin upon the ground; 10
Also he had ane falcon fair of flicht,
Richt swyft of wing, quhen scho likit to licht.
Thir twa the knicht lufit aboue (gedruckt abone) measure,
Becaus oft times thay did him greit pleasure.
This grewhound was sa swift and of sic speid, 15
Quhen he was lousit, his pray he gart ay bleid,
And the same pray brocht to his lord anone.
This was ane caus he lufit him allone.
Also quhen that this knicht past to battell,
Gif that his chance that time wald not preuaill, 20

Into his mouth his hors taill wald he tak,
About his luggis oft times he wald it schaik,

Syne goull and cry, as he wald quyte rin wode.
Sa be that signe the knicht weill vnderstude,
Gif at that time he wald furder or no; 25
And sa oft times leit him to battell go.
His halk also was sa feirce in hir flicht,
Sa swyft of wing, and als sa wonder wicht,
That scho was neuer cast of till assay,
Bot without fault scho brukit ay hir pray. 30
Thir war causis this hound and halk he lufit,
Becaus to myrth thay rasit him oft and mufit.
Also this knicht kest all his haill intent
In hors rinning, justing and tornament.
Sa on ane day he causit to proclame 35
At his castell to set fordwart his name,
Quha wald cum thair to tornay or justing,
Breiking of speiris and als of hors rynning
At the set day; to be matchit suld not faill.

*The knyght entred in
to the tourney,
and his lady went
with her maydens to se it.
And as they went out, after went the nourysshes*

and lefte the chylde lyenge alone

*in the cradell in the halle,
where the greyhounde laye nygh the wall, and the hauke or
faucon standynge vpon a perke.*

*In this halle there was a serpente lurkynge or hydde in a
hole, to all them of the castell vnknowen.
The whiche, whan he felte that they were all absent,*

*he put out his hede of his hole,
and as he noman sawe but
the chylde
lyenge in the cradell,
he went out of his cauerne towardes the cradell for the
chylde to haue slayne.
The noble faucon seynge that
behelde the greyhounde, that was slepynge;*

she made suche a noyse and rustelynge with her winges or feders

*that the greyhonde awoke and rose vp.
And whan he sawe the serpente
nyghe the chylde,
anone ayenst hym he lepte,
and they bothe faught so long togyder,*

tyll that the serpente hadde greuously hurted and wounded

This was the cry. And sa to schort my taill, 40
The knicht him self first enterit in the feild
To the tornay, with harnes, hors and scheild.
Sine efter him past his fair lady gent
With hir ladyis to se the tornament.
Sine efter that past all the nuresis thre 45
The tornament for to behald and se,
Lokking the dures, leuing the barne alone,
Traisting ischie nor entrie suld be none,
Quhill the tornay and justing suld be done.
Than, in all haist, thay suld returne richt sone 50
Beleuand weill the barne not to awalk,

Nane being thair bot the hound and the halk,

And the goung chylde, that in the creddill lay;
Except thir thre the rest all past away.
That na man knew lay lurking in the haw 55
Ane greit serpent befoir na man did knaw.
Quhen scho persauit the hous sa desolait
And nane thairin that durst with hir debait,
Out of hir hole sone scho put furth hir heid

At this infant hauand ane cruell feid, 60
Quha lay sleiping in the creddill alone.
Him to deuoir at schort sa is scho gone.

The falcon this behalding, quhair scho sat

Upon hir perk, to do scho wist not quhat;
Bot with hir wingis scho russillit and rang hir bellis 65
Almaist scho had al schakin thame iu schellis.
Sa with the noyis and beir, quhilk maid the halk,
This gud hound rais and of his sleip did walk;
And quhen he saw that the serpent did creip 70
Towart the creddill, quhair that the barne did sleip,
With ane fell faird on the serpent he ran;
And sa, at schort, thir twa to fecht began
Sa cruellie, that it was greit meruaill,
Quhilk of the twa at that time suld preuaill, 75
Ane to deuoir, the other to defend.
Thir twa at lenth togidder did contend
Sa lang at lenth thir twa togidder faucht
Amaist the hound al quyte had loist loist his maucht.
Sa cruellie he was woundit in blude, 80

the greyhounde that he bled sore,
soo that the erthe about the cradell
was all bebled with the blode of the greyhounde.

The greyhounde, whan that he felte hymselfe so greuously
hurted and wounded,

sterte fyersly vpon the serpente
and faught sore togyder
and so egerly,

so that betwyne theym the cradell was ouercaste with the
chylde, the botone vpwarde.

And bycause that the cradell had foure pomelles or fete,

the saued the chyldes vysage and his lyfe
frome ony hurtynge fallynge towardes the erthe.
And what shall I say more! Incontynent therafter

whit grete payne

the greyhounde ouercame and slewe the serpente,

and went and layd hym downe ayen in his place and
lycked his woundes;

and anone after, as the iustes and torneye was done,

the nourysshes
were the fyrste that came into the castell;
and as they sawe the cradell reuersed with bloude vppon
the erthe enuyronned, and that the greyhounde was also
blody, they thought and sayde amonges themself

*That all about, quhair that the creddill stude,
Was blude berun that meruell was to se
Betuix sic twa sa bauld bargane to be.
The grewhound than, persauing his awin blude,*

Into his hart wor sa cruell and wode,   85
*With ane fell faird vpon the serpent ran.
Sa thame betuix ane new bargane began
With sic malice, melancolie, and ire,
Quhil ane was deid, that nane of thame wald tire
Nor leif the feild; quhill it chancit at the last*   90
*Betuix thame twa, the creddill ouir thay cast,
With boddum vp, and on the toris it stude,
Quhair it was all about berun with blude.*

*Sa it become and fell be Goddis grace
That the four toris sauit the childis face;*   95

*And sleipit still, with visage toward the ground.
Thir twa fechtand, the serpent and the hound,*

*Quhill, at the last, the houud into certane
This fell serpent he hes ouircum and slane,
And sauit the childe fra perrell in that tide.*   100
*Quhen all was done, doun be the creddill side
Licking his woundis lay doun this nobil hound
For fechting sair, and sa on sleip fell sound.
Besyde this bab, quhilk in the creddill lay,
Nane in the hous bot onlie thir same tway.*   105
*The bab sleiping and wist na kind of ill;
The hound werie and fochin furth his fill;
The serpent slane, as I said gow befoir;
The babie saif, and the hound woundit soir.
And so anone, efter this tornament,*   110
*Ilk man, woman vnto thair ludgeing went.
To tell that day quha wan the interpryse,
That erand now to my mater not lyis.
Thairfoir as now that thing I will lat be
And lat vs speik of the nuresis thre,*   115
*Quha first come hame and enterit in the haw.
Sa sone as thay the blude and creddill saw,*

that the greyhounde hadde slayne the chylde,

and they were not soo wyse as too tourne oppe ayen the cradell with the chylde, for too haue seene what was therof befallen (s. Vers 132—134); but they sayd:
Lete us fle or ren away, leest that oure mayster put or laye the blame vpon vs and slee vs.

And as they were thus away rennynge,
they met with the knyghtes wyfe;

and she sayd to them: Wherfore make ye this sorowe and whether wyl ye ren? And they sayde: O lady, woo and sorowe be to vs and to you! — Why? What is there happened? Shewe me!

The gre[y]hounde, they sayd, that our lorde and mayster loueth soo muche, hath deuoured and slayne your sone,

and lyeth by the wall

all full of the bloode.

As the lady this herde, she fell to the erthe

Wringing thair handis and ryfing doun thair hair,
Crying: Allace, wo on vs euer mair!
Our onlie childe, our bab and fosterbarne 120
Is quyte deuoirit with ane dog and forfarne;
Allace for wo! Allace, quhat sall we do?
We ken na place for succour to rin to.
Giue our maister perchance vs apprehend,
Thair is nane may fra his handis ps defend; 125
Bot alway sall on vs cum suddand deid.
We knaw na way, quhair we may find remeid.
Sen sa is, cum! lat vs in haist all thre
To saue our life but baid away to fle!
Euin sa (gedruckt say) thay did, and left the hous alone; 130
But mair counsall all thre away is gone,
And had na wit nor wisdome in thair heid
To se, quhidder the barne was quick or deid,
Nor lift the creddill and to persaue the cace;
Bot ran away all thre crying: Allace! 135
And as thay war sa passand furth the streit,
Thair awin maistres thay chancit for to meit
With hir ladyis cumming fra the tornay.
Scho persauing hir nuresis in the way,
Richt sair murning and ryfing doun thair hair, 140
All wo begane, repleit of sturt and cair,
Sone scho inquirit at thame how stude the cace.

Thay answerit hir a thousand times: Allace!
Quhat sall we say for wordis to multiplie?
Thair is na bute; all man the case may se. 145
Ane deuill, madame, into ane doggis skin
Hes slane zour sone, alone zour hall within.
To the quhilk dog my lord gaue maist delite;
Bot now he hes of zour sone maid zow quite.

In takin zit, quhair that the creddill stude, 150
The dog sleipis still new bathit in his blude.
He was the dog that my lord lufit best;
He was na dog, bot with ane deuill possest.
Thairfoir, lady, for vs is na remeid,
Bot outher fle (gedruckt sle) or ells to bide the deid. 155
Thairfoir, madame, of vs ze haue mercie!
This is the caus that causes vs to fle.
This scho heiring anone fell to the ground,

and began to wepe and crye pyteously,
and said: Alas, o my dere sone! be ye thus slayne and dede!

What shall I now make
that I haue my onely sone thus loste!

Her withall came in the knyght frome the torneye,
and, beholdyng
his lady thus cryenge and making sorowe,
he demaunded her wherfore that she made so grete sorowe
and lamentacyon.
She answered hym: O my lorde,

Youre greyhounde that ye love soo moche,

hath slayne your onely sone,

and lyeth by the wal sacyate with bloode of the chylde.

Without mair space, into ane deidlie sound.
And zit at last ladyis gart hir awalk, 160
Held vp hir heid, quhill scho began to talk

And said: Allace, my deir sone! art thow slane?
Sall thow neuer play on my kne agane?
Sall I neuer with my pap se the play?
Allace! How sone art thow sa went away! 165
Sall I neuer the lauchand on me se?
Allace! how is the dolour chancit me!
Quhairin I had my onlie maist plesour,
Saifand my lord, baith be tide, time and hour,
Is now but dout with ane dog clene deuorit 170
And neuer agane to the life be restorit.
Quhat sall I say! this is ane cairfull cace.
My onlie sone is deid and gane! Allace!
Sa scho murning in greit dolour and wo,
The pepill about that seing did richt so, 175
Murnit richt sair and of hir had pietie,
In sic dolour that lady for to se.
In the meane time the knicht fra his tornay
Reteirit hame, and sa saw, be the way,
His awin lady lamenting in dolour, 180
Requirit the caus of all hir displesour.

Scho sayis: My lord, allace, and euer mair!
I can not speik for greit dolour and cair.
Is happinnit vs ane wonder cruell cace:
Our sone is slane, for euer mair allace! 185
With zour grewhound quhome that so weill ze lufit.
Now all that lufe on zour sone he hes prufit:
He hes him slane in creddill, quhair he lay.
Your nuresis all thre are fled away.
And zit the place quhair that the creddill stude, 190
Zour hound lyis sleiping in zour sonnis blude.
This zour grewhound, withouttin helpis ma
Our onlie childe al quite hes tane vs fra.
Quhairfoir my self vnto the hour I die,
Sall neuer eit, quhill I reuengit be 195
Upon zour hound, quhilk hes my ane sone slane,
Nor in zour bed sall neuer come agane,
Quhill he be deid that gart my ane sone die,
Bot wo, allace! this is na mendis to me.
Howbeit it be ane syithment to my hart, 200
3it my greit wo it slokins in sum part.

The knyght,
hugely angred, went in to the hall,

and the greyhounde went to hym to mete and to fawne, as
he was wonte to doo.
And the knyght drewe out his swerde

and with one stroke smote of the houndes heede,

and went to the cradell

and founde his sone al hole,
and by the cradell
the serpente slayne.

And by dyuers sygnes perceyued that the hounde hadde
foughten ayenst the serpent for the saluacyon of the chylde.
Then, with grete sorowe and wepyng, he tare his here
and sayd: Woo be to me

that for the wordes of my wyfe

I haue slayne my good greyhounde,
the whiche hath saued my chyldes lyfe

and hath slayne the serpente! Herfore I wyll put my selfe
to penaunce. And brake his swerde in thre peces, and
went towardes the holy londe, and abode there all the
dayes of his lyfe.

Thairfoir, my lord, gif ʒe think it be done,
Without delay gar sla ʒour grewhound sone.
The knicht heiring thir sorrowfull tidance,

How to his sone had fallin sic mischance, 205
Hamewart in haist but baid he maid him boun,
And in the clois quhen he was lichtit doun,
The grewhound hard horsmen into the clois;
Amang the laif he knew his maisteris vo[i]ce,
And vp he rais in the blude, quhair he lay, 210
To his maister the hie gait come his way,
Faynt and foirfocht come fawnand to his feit,
As he had wont, his maister for to meit.

Into greit ire, quhat is thair mair to say!
With his scharp sword he claif his heid in tway; 215
And that onlie for ane word of his wife.
Gat his rewaird that sauit his sonnis life.
Than past the knicht but baid vnto the haw,
Persauit the blude, and als the creddill saw,
He liftit vp the creddill, as it stude, 220
Fand the barne haill and als mekill spilt blude.

Persauand sine of the serpent the heid,
The skin and taill that had fochin to deid,
And fand his sone withouttin wan or wound.

Allace! he said, for my gude gay grewhound 225
That I haue slane withouttin ony caus,
Bot onlie for the voide, vane wordis and sawis
Of ane woman that hes talkil in vane,
Quhairthrow I haue but caus my grewhound slane,
Quhilk, I persaue, hes sauit my sonnis life 230
Fra the serpent throw his debait and strife.

Wo to the hour that now I drew my sword!
Wo to the hour that hard my wifis word!
Wo the hand that suddand straik that gaue
To my best hound, that my sonnis life did saue, 235
Quhilk I lude best without ony compair

In der **Andr. Deichert**'schen Verlagsbuchh. Nachf. (**Georg Böhme**), Erlangen & Leipzig, ist ferner erschienen:

Hermann, E., Drei Shakespeare-Studien.
- I. Bd. Die Bedeutung des Sommernachtstraums für die Shakespeare-Biographie und die Geschichte des englischen Dramas. Mk. 1.50.
- II. Bd. Shakespeare der Kämpfer. Die polemischen Hauptbeziehungen des Midsummer-Night's-Dream und Tempest urkundlich nachgewiesen.
  - I. Abtlg.: Shakespeare wider John-Lyly. Mk. 2.—.
  - II. Abtlg.: Shakespeare wider Ben Jonson (Tempest und Volpone). Shakespeare und Senser (Willy und Aetion). Mk. 1.50.
  - III. u. IV. Abtlg.: Shakespeare wider Greene, Marlowe und Nahs, und die Abfassungszeit des Sommernachtstraums. Mk. 1.50.
  - ☞ Bd. I und II 1/3 zusammen für M 5.—. ☜
- — Weitere quellenmässige Beiträge zu Shakespeares litterarischen Kämpfen.
  - I. Bd. Allgemeine Übersicht. Mk. 2.—.
  - II. Bd. Die polemischen Beziehungen der lustigen Weiber von Windsor. Mk. 1.50.
- — Ergänzungen und Berichtigungen der hergebrachten Shakespeare-Biographie. Mk. 2.—.
- — — Anhänge dazu. Mk. 2.—.
- ═ Weitere Beiträge, Ergänzungen mit Anhang zusammen für Mk. 6.—. ═
- — Urheberschaft und Urquell von Shakespeares Dichtungen. Ein Essay. Mk. 1.—.

Romanische Forschungen. Organ für romanische Sprachen und Mittellatein. Hrsgb. von **K. Vollmöller. I. Band.** 1883. Mk. 15.—. II. **Band** 1. Heft. 1885. Mk. 6.—. 2. Heft. 1885. Mk. 6.—. 3. Heft. 1886. Mk. 8.—. III. **Band** 1. Heft. 1886. Mk. 8.—. 2. Heft. 1887. Mk. 6.—. 3. Heft. 1887. Mk. 6.—. IV. **Band** 1. Heft. 1888. Mk. 8.—. VI. **Band** 1. Heft. 1888. Mk. 5.—. VI. **Band** 2. Heft. 1889. Mk. 7.—.

Amis et Amiles und Jourdains de Blaivies. Nach der Pariser Handschrift zum ersten Male herausgegeben von **Konrad Hofmann**, Zweite, vermehrte und verbesserte Auflage. **Mk. 4.**

In demselben Verlage ist ferner erschienen:

Bernart, Saint, Li Sermon. Aelteste französische Uebersetzung der lateinischen Predigten Bernhards herausgegeben von **Wendelin Foerster.** Mk. 6.—.

Blase, Dr. H., Geschichte des Irrealis im Lateinischen, zugleich ein Beitrag zur Kenntnis des afrikanischen Lateins. Mk. 2.40.

Dernedde, Dr. R., Ueber die den altfranzösischen Dichtern bekannten epischen Stoffe aus dem Altertum. Mk. 4.—.

Fricke, Dr. R., Das altenglische Zahlwort. Eine grammatische Untersuchung. Mk. 2.—.

Heuser, Dr. W., Die mittelenglischen Legenden von St. Editha und St. Etheldreda. Mk. 1.—.

Lineke, Dr. K., Die Accente im Oxforder und im Cambridger Psalter sowie in anderen altfranzösischen Handschriften. Eine paläographisch-philologische Untersuchung. 80 Pf.

Link, Dr. Th., Ueber die Sprache der Chronique rimée von Philippe Mousket. 80 Pf.

Poème Moral. Altfranzösisches Gedicht aus den ersten Jahren des XIII. Jahrhunderts nach allen bekannten Handschriften zum ersten Male vollständig herausgegeben von **W. Cloetta.** Mk. 8.—.

Raumair, Dr. A., Ueber die Syntax des Robert de Clary. Mk. 1.80.

Schröder, Dr. R., Glaube und Aberglaube in den altfranzösischen Dichtungen. Ein Beitrag zur Kulturgeschichte des Mittelalters. Mk. 2.60.

Schüddekopf, Dr. A., Sprache und Dialekt des mittelenglischen Gedichtes Willinm of Palerne. Ein Beitrag zur mittelenglischen Grammatik. Mk. 2.—.

Sittl, Dr. K., Die lokalen Verschiedenheiten der lateinischen Sprache mit besonderer Berücksichtigung des afrikanischen Lateins. Mk. 2.80.

Tolle, Dr. K., Das Bethenern und Beschwören in der altromanischen Poesie mit besonderer Berücksichtigung der französischen. Eine vergleichende Studie. Mk. 1.20.

Wölfflin, Prof. Dr. E., Lateinische und romanische Comparation. Mk. 2.—.

Zingerle, Dr. W., Ueber Raoul de Houdenc und seine Werke. Eine sprachliche Untersuchung. Mk. 1.—.